职业院校课程改革特色教材（汽车类）

ZHIYE YUANXIAO KECHENG GAIGE TESE JIAOCAI (QICHELEI)

U0742560

汽车美容与装饰一体化学生手册

■ 车小平　总主编

佟欣　林雪峰　主编

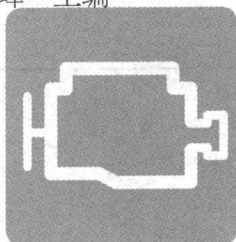

人民邮电出版社

北　京

图书在版编目（CIP）数据

汽车美容与装饰一体化学生手册 / 佟欣，林雪峰主
编. -- 北京：人民邮电出版社，2014.9（2021.8重印）
职业院校课程改革特色教材. 汽车类
ISBN 978-7-115-36335-0

Ⅰ. ①汽… Ⅱ. ①佟… ②林… Ⅲ. ①汽车－车辆保
养－高等职业教育－教学参考资料 Ⅳ. ①U472

中国版本图书馆CIP数据核字(2014)第175023号

内 容 提 要

本手册与人民邮电出版社出版的《汽车美容与装饰一体化教程》一书配套使用。本书的编排顺序
与主教材体系完全一致。本书主要内容包括绪论、车身美容护理、汽车室内清洁与护理、车身漆面护
理、发动机清洗护理、汽车装饰保护的专业理论知识和初级操作等练习测试题。

本书可作为中、高等职业院校汽车应用类专业的教学用书，也可供有关技术人员参考、学习、培
训之用。

◆ 总 主 编　车小平
　　主　　编　佟 欣　林雪峰
　　责任编辑　刘盛平
　　执行编辑　王丽美
　　责任印制　杨林杰

◆ 人民邮电出版社出版发行　北京市丰台区成寿寺路 11 号
　　邮编 100164　电子邮件 315@ptpress.com.cn
　　网址 http://www.ptpress.com.cn
　　北京市艺辉印刷有限公司印刷

◆ 开本：787×1092　1/16
　　印张：6.75　　　　　　　2014 年 9 月第 1 版
　　字数：114 千字　　　　　2021 年 8 月北京第 14 次印刷

定价：18.00 元

读者服务热线：(010) 81055256　印装质量热线：(010) 81055316
反盗版热线：(010) 81055315
广告经营许可证：京东市监广登字 20170147 号

汽车美容与装饰一体化学生手册

编 委 会

总主编：车小平

主　编：佟　欣　林雪峰

副主编：徐子轩　廖　冰　曾厚富　董　义

参　编：李明海　吴　杰　陈　军　黄承程　兰婷婷

　　　　吴海峰　刘志明　骆　军　李　联　刘　健

　　　　李素强　何时清

本手册与人民邮电出版社出版的《汽车美容与装饰一体化教程》一书配套使用。

本书按照职业岗位工作过程的逻辑，把汽车美容与装饰岗位的 5 个方面的工作共 19 个专项工作任务，确定为 5 个教学项目和 19 个教学项目单元。

本书以岗位典型工作任务中相关的专业理论知识，项目操作规程、方法步骤等内容设置练习题，项目后都附有技能考核评价表、学习成绩统计表，形成了一体化课程教学质量评价体系。

学生可通过本手册中的练习题进一步巩固所学的专业理论知识，按照其中的实践指导内容进行专业技能训练。教师可根据本手册中的考核表对学生综合职业能力和职业素质进行考核评价。

由于编者水平和经验有限，书中难免有欠妥和错误之处，恳请读者批评指正。

编者
2014 年 4 月

目录 CONTENTS

一、理论知识填空题（共 50 分）

1. 随着我国汽车工业的迅速发展和汽车的社会保有量的不断增加，汽车美容行业的规模有了较快发展。它已成为_____的、_____很强的服务行业。

2. 目前汽车美容行业的新产品、新技术，对每一道工序都有标准而规范的_____，严格按照工序要求采用_____、专业产品和_____等，标志着汽车美容行业已经进入了系统化、_____、规范化时代。

3. 目前我国汽车美容行业服务水平和质量有了很大提高，从单一的洗车店向_____的服务会所发展，从单一化服务模式到_____服务，从单一的个体运营到企业的_____操作运营等。

4. 目前国内汽车美容行业主要分为 3 类。第一类是汽车_____，第二类是_____，第三类是_____的店面。

5. 汽车美容服务项目从最基本的洗车、打蜡衍生到_____、汽车室内清洁与护理、_____及汽车装饰保护等四个方面。

6. 车身美容护理是针对汽车在使用过程中，由于紫外线、大气中的有害气体、酸雨、鸟粪和沥青等黏附于漆面造成对车身漆面的_____，漆层内部的_____会大量损失，漆面日益变得干燥，会出现失光、异色斑点，甚至龟裂现象。

7. 汽车室内清洁与护理是针对汽车内室部件平时受到外界油、尘、泥沙、烟、乘客汗垢以及空气循环等不良因素影响，使车内室空气_____，内饰中的地毯、真皮或丝绒座椅、空调口、后备箱等处经常接触潮湿的_____，使丝绒发霉、_____、真皮老化，甚至产生难闻的气味等问题的清洁护理。

8. 车身漆面护理是针对汽车车身漆面_____、异色斑点，_____、车身漆面被石头等硬物划伤、擦伤，被鸟粪和沥青等黏附于漆面的处理。

9. 汽车装饰保护可分为_____和汽车防护。

10. 汽车防护服务项目包括_____、防盗器、_____、静电放电器、汽车语音报警装置安装等。

二、论述题（共 50 分）

汽车专业美容项目有哪些？

1 车身美容护理

一、理论知识填空题（共 50 分）

1. 汽车在使用过程中，由于日晒雨淋、风吹沙击、尘土飞扬，高温、严寒、强光、酸雨等恶劣的环境，使车身漆面和零部件表面受到_____，沾染污垢，严重影响车身装饰效果和_____。因此，应定期和不定期进行车身美容护理。

2. 车身美容护理是指清除车身表面尘土、酸雨、沥青等污染物，防止漆面及其他车身部件受到_____和_____。

3. 适时对车身打蜡不但能给车身带来光彩亮丽的效果，还可以_____、_____、抗高温及防静电也能延缓漆面的_____。

4. 车身美容护理是对汽车车身外观的_____与护理。它包括_____和干车、_____和车身漆面深度清洁等车身美容护理项目。

5. 洗车和干车是整个汽车美容护理中_____的一个项目，没有它的铺垫，其他美容项目用再好的护理产品和再好的护理技术都会因此而大打折扣。

6. 打蜡是在车体常温时，按一定的工艺和方法在车漆上研磨形成一层约_____的蜡层。

7. 车身漆面深度清洁是运用专业清洗类专业美容产品，按一定的工艺和方法对车身进行去胶质、除柏油、除水泥、除树脂等污染物处理等。

二、论述题（共 50 分）

车身美容护理主要有哪些项目？

单元一 洗车和干车

一、理论知识题（共 10 分）

（一）理论知识填空题（5 分）

1. 洗车和干车是把车身上的一切能对干车流程有危害的_____清洗干净和擦干车身。

2. 洗车服务是汽车美容企业招揽生意、固定客源的一种最重要的_____。通过_____、快速的洗车服务会给顾客留下良好的印象，为销售其他汽车用品和施工服务奠定良好的信任基础。所以洗车必须拥有最为规范、标准的流程。

3. 目前汽车美容企业采用的洗车方法和工序各有不同。主要的洗车方式有_____方式和传统洗车方式两种。

4. 洗车是客户对一个汽车美容店_____的印象，洗得干净与否是客户_____的标准，而其中的重点就是漆面和内饰，漆面是客户_____的感觉，内饰是客户最直接的_____，细节是客户内心的感觉。

5. 在干车流程中对整车进行清洁时，用不同颜色的毛巾擦拭汽车车身的各个部位，是为了防止_____污染，减少工作_____。用什么颜色的毛巾擦拭什么部位无特殊规定，但要求每个部位只能使用一种颜色的毛巾，决定后_____。

6. 洗车和干车主要的常用设备有_____、扇形高压枪、_____和吹尘枪或称干洗枪等。

7. 洗车和干车主要的用具有洗车_____、洗车巾和洗车_____、麂皮、板刷等。

8. 洗车和干车的主要养护用品有_____洗车液、不脱蜡洗车液、_____洗车液、轮毂光洁剂、去水剂和轮胎釉等。

9. 无划痕洗车清洗机是一台_____的清洗机，通过和扇形高压枪配合，能同时喷出预洗_____和水。

10. 洗车毛巾是_____制品，化纤毛巾会刮伤表面。全棉毛巾会留下毛屑。它们主要用于擦拭车身，在擦拭过程中不应有细小的_____落在车身上。另外，洗车毛巾要分类处理，不能一块抹布_____，因为擦过车身下部的毛巾里有大量洗不掉的细沙，这样容易划伤车漆表面。

（二）论述题（5分）

1. 简述洗车和干车的作用。

2. 简述无划痕洗车方式的洗车流程。

二、洗车与干车操作实践（共40分）

（一）喷水枪使用的操作规范

在使用高压喷水枪冲洗汽车时，对车身不同部位冲洗时，要求喷水枪水压和喷水枪液流形状是不同的。在使用喷水枪时，可通过喷水枪上的调节套来调整水压和液流形状。液流形状可以分为扩散雾状液流和束状液流。

1. 喷水枪喷射扩散雾状液流操作规范

在车身上部冲洗时，水枪压力要小一些，将喷水枪液流调整为扩散雾状，如图1-1所示，以免损坏漆面，如果清洗车身的水压过大和液流呈束状，污物颗粒会划伤漆层。

图1-1　调整喷射扩散雾状液流操作　　　图1-2　调整喷射束状液流操作

2. 喷水枪喷射束状液流操作规范

在车身下部和车轮冲洗时，水压可高一些，喷枪液流调整为束状，如图 1-2 所示，以便能够冲掉附着的污泥和其他附着物。

（二）冲洗的手法和车身冲洗操作规范

1. 冲洗的手法

冲洗汽车时，将喷水枪与车表面保持 45°角，如图 1-3 所示。冲洗汽车时，自上而下、由前向后冲洗。喷水枪头与车身距离在 20～60cm，如图 1-4 所示，整个过程当中始终由一个方向向另一边的斜下方冲洗，尽量避免正向或反冲洗，以免将泥沙冲回已经冲洗干净的部位。

图 1-3　喷水枪与车表面保持 45°角冲洗操作

图 1-4　喷水枪与车身距离 20～60cm 冲洗操作

2. 车身冲洗操作规范

用喷水枪从汽车顶部开始从上至下，从前至后冲洗，如图 1-5 和图 1-6 所示。将粘在车身表面的泥沙冲掉。如果车身较脏，可反复冲洗。冲洗车身下部和车轮时，将喷水枪调整为束状液流，冲掉车身下部和车轮上附着的污泥和其他附着物，如图 1-7 和图 1-8 所示。

图 1-5　汽车顶部冲洗操作

图 1-6　汽车后部冲洗操作

图 1-7 车身下部冲洗操作

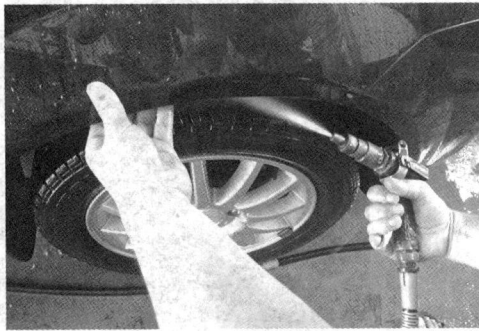

图 1-8 汽车车轮冲洗操作

（三）泡沫清洗机使用和洗车液调配操作规范

洗车液起的泡沫越多，车身脏污就越容易洗掉。正确使用泡沫清洗机和正确的水、洗车液调配方可获得理想的泡沫。

不同的泡沫发泡机的使用方法和洗车液调配各不相同，所以在使用泡沫发泡机之前一定要阅读使用说明书再使用。

以 GREENS-380 型泡沫清洗机为例的洗车液调配的操作规范

（1）首先打开加水阀，往泡沫清洗机内加入 50%的水，如图 1-9 所示。通过泡沫清洗机外的水位观察，如图 1-10 所示，确定水位已达 50%。

图 1-9 泡沫清洗机内加注水操作

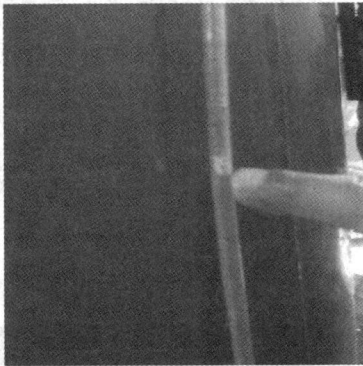

图 1-10 泡沫清洗机外的水位观察

（2）加入洗车液 550mL 如图 1-11 所示。

（3）再往泡沫清洗机内加入 20%的水，如图 1-12 所示，使泡沫清洗机内的水量达到 70%后关闭加水阀。

图 1-11　用量具加注洗车液操作　　　　图 1-12　泡沫清洗机外的水位观察

（4）打开压缩空气开关，使压缩空气进入泡沫清洗机，如图 1-13 所示，使压力上升到 2Pa 后，可喷洒泡沫。

图 1-13　泡沫清洗机加注压缩空气操作

（四）喷洒洗车液泡沫和泡沫擦拭操作规范

1. 喷洒洗车液泡沫操作规范

喷洒洗车液泡沫的基本操作是打开泡沫喷枪开关，即可喷洒洗车液泡沫，如图 1-14 所示。上下有规律地对车身抖动喷头，使洗车液泡沫均匀地喷洒于车体上，不要遗漏。喷洒泡沫的量不要太多，若喷洒过多泡沫会脱落，造成浪费，如图 1-15 所示。喷射距离可以用压力来调节。

图 1-14　泡沫喷枪喷洒洗车液泡沫操作

图 1-15　洗车液泡沫喷洒量不要过多

2. 洗车液泡沫擦拭操作规范

　　洗车液泡沫擦拭是喷洒洗车液泡沫后，使用软毛巾按前向后和由上往下的顺序对汽车通体呈"S"形擦拭，不要遗漏。车身顶部洗车液泡沫擦拭如图 1-16 所示，车身下部洗车液泡沫擦拭如图 1-17 所示，擦洗用的软毛巾一定要干净，没有沙砾，当擦完汽车后软毛巾一定要放在清洁的水里泡洗；在擦洗泥沙多的漆面时，要注意防止泥沙中的大颗沙砾划伤漆面。可分别使用两块软毛巾擦拭车体，以保险杠为界限分开使用。

图 1-16　车身顶部泡沫擦拭操作

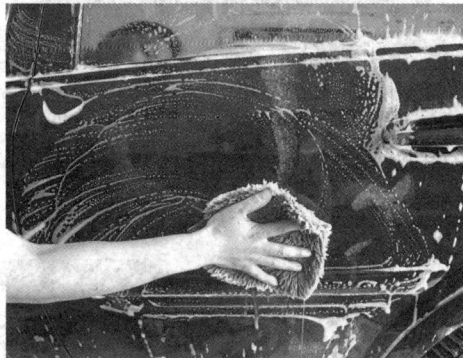

图 1-17　车身泡沫擦拭操作规范

图 1-18　车窗泡沫擦拭操作

图 1-19　车轮泡沫擦拭操作

3. 冲洗车轮操作规范

用刷子或海绵等刷洗掉车轮轮辋、轮辐和轮胎上的泥土、污垢，如图 1-19 所示。

（五）冲洗车身洗车液和擦干车身操作规范

1. 冲洗车身泡沫操作规范

泡沫擦拭后，用喷水枪冲洗经过洗车液擦拭后呈浮化状态或悬浮状态的污渍，使之脱离汽车表面。冲洗时应从上而下以赶水的方式进行。车顶车身泡沫冲洗操作如图 1-20 所示，车身泡沫冲洗操作如图 1-21 所示，车轮泡沫冲洗操作如图 1-22 所示。

> 注意　车身接缝处、拐角处的泡沫等残留物要冲洗干净，不要遗漏。

图 1-20　车顶车身泡沫冲洗操作

图 1-21　车身泡沫冲洗操作

图 1-22　车轮泡沫冲洗操作

2. 擦干车身操作规范

车身泡沫完全冲去后，先用大块半湿浴巾对汽车通体擦拭两遍，使用浴巾对汽车通体擦拭吸去水分，如图 1-23 所示。再用干燥的合成鹿皮或软毛巾逐块擦干车身、车门内边框等各部位，如图 1-24 所示。最后用吹气枪把车身缝隙和接口处的水分吹干，如图 1-25 所示。使车身漆面无水渍，无漏擦之处，无毛巾的残毛（脱掉的线）。

图1-23 使用大浴巾对汽车通体擦拭操作

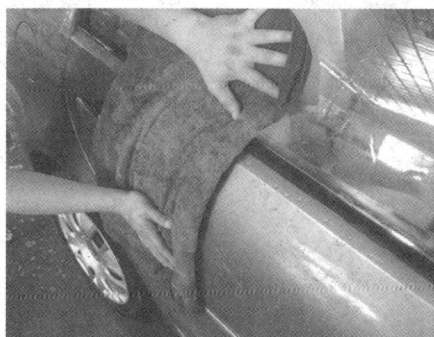

图1-24 使用干燥的合成鹿皮或软毛巾逐块擦干车身各个部位操作

图1-25 用压缩空吹气枪吹干车身缝隙操作

（六）轮胎上光护理操作规范

用洗车液清洗轮胎，能够在一定程度上去除污渍。但无法使轮胎恢复到新的状态。可以对轮胎上亮光蜡来恢复。将轮胎亮光蜡倒出适量，用海绵或刷子蘸取后擦拭汽车轮胎，如图1-26所示，即可使轮胎光亮、洁净并防止龟裂。

图 1-26 轮胎上光护理操作

（七）清洁脚垫操作规范

从车内取出脚垫，用喷水枪冲洗，喷洒清洗剂，用板刷刷洗，再次用水枪将脚垫正面的清洗剂和脚垫背面完全冲洗干净，如图 1-27 所示，按照甩干机的承受能力，将脚垫竖直放置（正面向外）甩干，如图 1-28 所示。

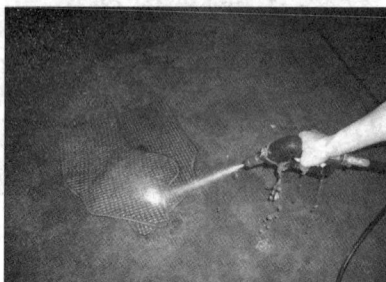

图 1-27 用水枪冲洗脚垫操作

图 1-28 甩干机甩干脚垫操作

（八）无划痕洗车操作规程

（1）无划痕洗车液的调配操作。不同的免擦无划痕洗车液的调配各不相同，有比例 1∶40 或者 1∶100 的产品。配比方法：在桶里放三分之二的水，之后倒进产品搅拌均匀。

（2）指引车辆到指定预洗车位。

（3）检查车辆门窗、天窗是否关紧，确认门窗、天窗关紧后，方可进行下一步。

（4）全车进行喷洒免擦无划痕洗车液。喷洒部位：钢圈、轮胎（以上部件会有可能出现顽固油污，需要配合刷子或湿毛巾清洁）、轮眉内侧、车身下幅、前后保险杠、倒车镜、前后挡风玻璃，如车身有尾翼则喷洒尾翼。

（5）车身深度清洁，如车身有虫屎及特殊污垢，喷洒专业清洗剂（如 PRO 环保除虫剂 C—71，威猛等）进行特殊处理。

（6）在无划痕洗车液喷洒后，用高压水枪清洗已呈浮化状态或悬浮状态的污渍，使之脱离汽车表面。开门冲洗门边，需注意不要弄湿车内室。

三、洗车与干车技能考核（共 50 分）

洗车与干车技能考核项目有喷水枪的使用、冲洗的手法、车身冲洗、泡沫清洗机使用和洗车液调配、喷洒洗车液泡沫、泡沫擦拭、冲洗车身洗车液、擦干车身、轮胎上光护理和清洁脚垫等，见表1-1。

表1-1　　　　　　　　　　洗车与干车技能考核评分表　　　考核教师签字：＿＿＿＿＿＿

序号	项目	配分	技术说明	得分
1	喷水枪的使用	5	正确使用喷水枪调整水压和液流形状	
2	冲洗的手法	5	正确掌握用喷水枪冲洗车身的手法	
3	车身冲洗	5	正确掌握冲洗车身的操作	
4	泡沫清洗机使用和洗车液调配	5	正确掌握泡沫清洗机使用和洗车液调配操作规程	
5	喷洒洗车液泡沫	5	正确掌握喷洒洗车液泡沫的操作	
6	泡沫擦拭	5	正确掌握洗车液泡沫擦拭操作	
7	冲洗车身洗车液	5	正确掌握冲洗洗车液泡沫的操作	
8	擦干车身	5	正确掌握擦干车身操作	
9	轮胎上光护理	5	正确掌握轮胎上光护理的操作	
10	清洁脚垫	5	正确掌握清洁脚垫和甩干的操作	

指导教师签名：　　　　　　　　　　　　　　　　　　总分：

四、单元一学习成绩统计

单元一的教学任务全部完成后，对本单元中的各个理论学习领域、技能训练成绩等进行单元学习成绩统计，见表1-2。

表1-2　　　　　　　　　　单元一学习成绩统计表　　　考核教师签字：＿＿＿＿＿＿

序号	考核内容	配分	评分标准	考核记录	扣分	得分
1	洗车与干车理论知识	10	能完成所有题目，错漏一题扣1分			
2	洗车与干车技能实践	40	能完成所有项目			
3	洗车与干车技能考核	50	能正确完成所有项目			
	合计	100				

单元二 车身打蜡

一、理论知识题（共 10 分）

（一）理论知识填空题（共 5 分）

1. 打蜡是汽车美容的传统项目，是通过打蜡海绵蘸车蜡在车漆上研磨形成一层约_____的蜡层，形成隐形保护膜，可以有效地_____车身与空气、灰尘的摩擦，其主要作用是防水、_____、抗高温和_____、防静电和防尘。

2. 汽车经常暴露在空气中，免不了受风吹雨淋，当水滴存留在车身表面，在天气转晴，强烈阳光照射下，每个小水滴就是一个凸透镜，在它的聚焦作用下，焦点处温度达_____℃，会_____油漆表面造成漆面暗斑，极大影响了漆面的质量及使用寿命。

3. 车蜡的抗高温作用是对来自不同方向的入射光产生_____，防止入射光使面漆或底色漆老化变色。

4. 车蜡防静电的效用主要在对车表静电的防止上，其原理是车蜡隔绝_____与车表金属摩擦。

5. 车身打蜡护理可_____作为一种护理项目，车身打蜡护理是车身漆面美容护理的最后一个环节。

6. 目前汽车美容企业采用的车身打蜡的方法和蜡的种类各有不同。主要的车身打蜡护理的方式方法有两种，一种是_____打蜡，它的好处是工艺简单、速度快、技能要求不高。缺点是蜡层不均匀、不能持久；另一种是_____打蜡，它的好处是打出来蜡层均匀，效果持久。缺点是时间久，工艺要求较高。

7. 常用的手工打蜡手法有_____手法和_____手法。在车身上研磨打蜡护理，井字手法是专业手工打蜡最为常用的一种手法，不仅能打得均匀，速度也快。

8. 车蜡的主要成分是_____乳液或硅酮类高分子化合物，并含有油脂成分。但由于车蜡中含的添加成分不同，使其在物质形态及性能上有所区别，进而划分为不同的种类。

9. 按蜡的功能不同，有_____防水蜡、防高温蜡、防静电蜡及_____蜡、防酸防腐型的蜡、水晶蜡、上光蜡和抛光研磨蜡等。

10. 去污蜡适用于不同车漆表面，能迅速而简单地除去车身漆面_____，恢复车漆原有色彩，同时形成一层坚固亮丽的蜡层，为车身漆面提供长久上光和保护作用。

11. 专门为车身打蜡设计的打蜡海绵，具有_____、耐水、耐磨、耐腐蚀、耐高温、拉伸性特别强、_____、无不良气味等特殊性能，而且产品密度高，泡孔均匀、光泽好，与织物复合黏结率强。

（二）论述题（共 5 分）

1. 简述车身上蜡的作用。

2. 简述车身上蜡的防水作用。

二、车身打蜡操作实践题（共 40 分）

（一）认识车身上蜡护理用品

填写图 1-29 所示的汽车美容用品的名称。

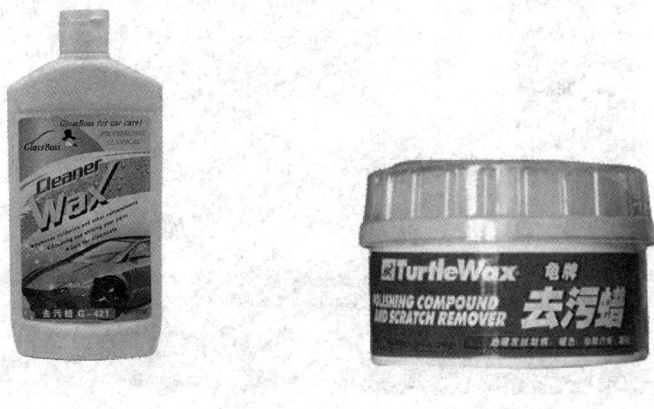

图 1-29　车身上蜡护理用品的认识

图 1-29　车身上蜡护理用品的认识（续）

（二）液体蜡车身上蜡护理的操作规范

车身上蜡护理是车身漆面美容护理的最后一个环节。车身上蜡护理的操作规范：

1. 上蜡作业中蜡的使用量的确定

车身上蜡时，每次上蜡前在海绵块涂上适量的车蜡，不要太多，每次打蜡面积不宜过大。

2. 车身上蜡

用涂有蜡的海绵在车身上进行车蜡涂抹，如图 1-30 所示。直线往复涂抹如图 1-31 所示，不可把蜡液倒在车上乱涂或做圆圈式涂抹，如图 1-32 所示。防止由于涂层不均造成强烈的环状漫射。一次作业要连续完成，不可涂涂停停。天气炎热时，可以分块打蜡。

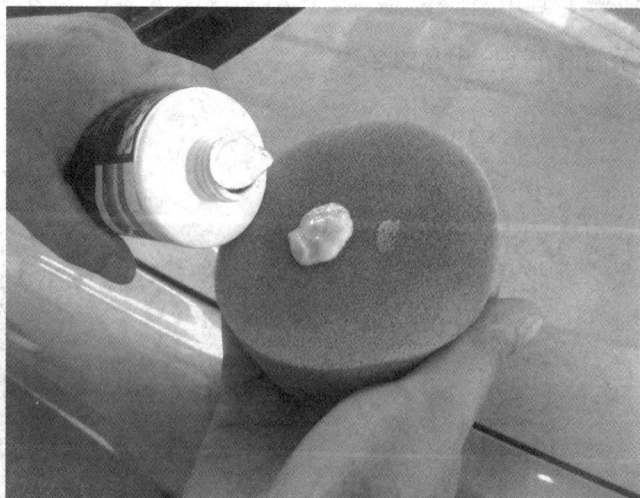

图 1-30　在海绵块涂上适量的车蜡的操作

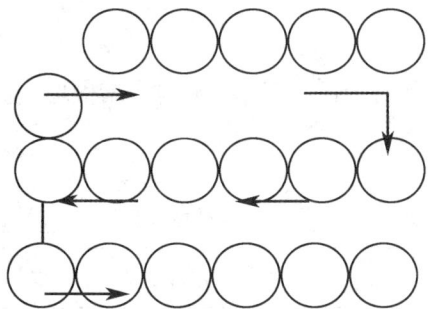

图 1-31　打蜡时的运动路线示意图

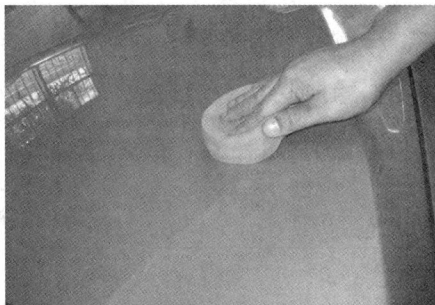

图 1-32　用涂有蜡的海绵涂抹车身操作

3. 抛光处理

在涂抹车蜡 5～10min 后，就可用干净毛巾擦拭抛光，如图 1-33 所示，如果选用的车蜡是快速车蜡，则应边涂边抛光。

4. 车身上蜡护理后的清洁

车身上蜡护理后，用干净毛巾清除车身接缝处残留下一些车蜡，如图 1-34 所示。

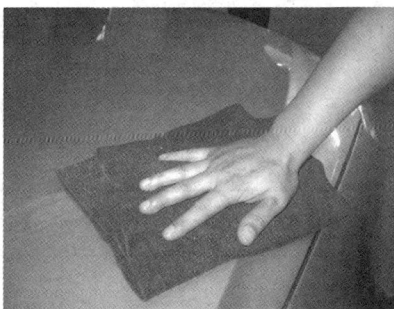

图 1-33　用干净毛巾擦拭抛光的操作

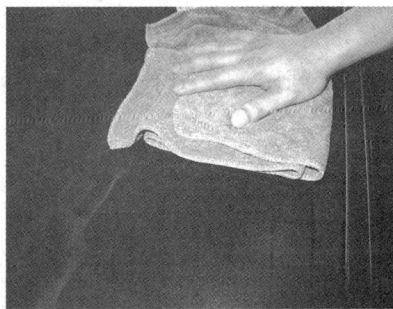

图 1-34　用干净毛巾清除车身残留车蜡

（三）机器打蜡护理的操作规范

机器打蜡是使用专用的打蜡机和液体蜡在车身上研磨打蜡护理，如图 1-35 所示，手法和手工打蜡的井字手法一样，但是前期的工艺多了一步封边工序，即将车漆上与漆面连接的所有塑料件用封边胶布封住。

图 1-35　机器打蜡

三、车身打蜡技能考核（共50分）

车身打蜡技能考核项目主要有车身上蜡护理用品的认识，液体蜡车身上蜡护理，机器打蜡护理等见表1-3。

表1-3　　　　　　　　　　车身打蜡技能考核评分表　　　　考核教师签字：_____

序号	项目	配分	技术说明	得分
1	车身上蜡护理用品的认识	10	能正确认识车身上蜡护理用品	
2	液体或固体蜡车身上蜡护理	30	正确掌握车身上蜡的技能	
3	机器打蜡护理	10	正确掌握机器打蜡护理的操作	

指导教师签名：　　　　　　　　　　　　　　　　　　总分：

四、单元二学习成绩统计

单元二的教学任务全部完成后，对本单元中的各个理论学习领域、技能训练成绩等进行单元学习成绩统计，见表1-4。

表1-4　　　　　　　　　　单元二学习成绩统计表　　　　考核教师签字：_____

序号	考核内容	配分	评分标准	考核记录	扣分	得分
1	车身上蜡理论知识	10	能完成所有题目，错漏一题扣1分			
2	车身上蜡技能实践	40	能完成所有项目			
3	车身上蜡技能考核	50	能正确完成所有项目			
	合计	100				

单元三　车身漆面深度清洁

一、理论知识题（共10分）

（一）理论知识填空题（共5分）

1. 汽车行驶中车身漆面难免会粘上昆虫、_____等，还会有工业污染物和铁粉黏附在车身漆面上。漆面清洗只可以清洗掉车漆表面上的油污和尘土等_____，却清洗不掉它们。如果它们在车体表面逗留时间过长，就会与车漆产生化学反应，发生_____，再加上灰尘，使车身变得蓬头垢面，污迹斑斑。

2. 将车停在树荫下，容易沾染鸟粪。鸟粪属于生物_____，相对来说，成分较简单，腐蚀性不强，清洁容易。在处理时要分为两种方法。如果发现得快，可以用清水点一下，用质地较软的_____擦拭；如果是长时间才发现，就必须要使用美容蜡进行_____处理。

3. 炎热的夏天，路面的沥青受热溶化，很容易_____车面上。如果情况不严重，可以在干了的沥青上利用_____将其溶化，然后再用抹布擦干。如果车身经过了暴晒，由于阳光的作用，沥青已经_____漆面内部，并产生腐蚀作用，可以用_____进行尝试清除，如果不能清除，则要用专业车用的_____进行擦拭。

4. 油漆、油污对于漆面都有_____的损伤，因此，及时的处理尤为重要。如果发现得较早，可以直接用_____擦掉。如果油漆或油污已经存在很久，漆面则会出现褶皱，表面起泡、龟裂，出现所谓的"橘子皮"现象。这时，仅仅_____已经不能处理，必须要使用专用于汽车清洗的_____，将油漆、油污清除，再用打蜡的方式恢复车面光泽。

5. 酸雨可谓是_____的对车面的损伤了。由于酸雨融合了许多_____的物质，轻者会使得漆面_____，失去光泽，变得暗淡无光；重则会使光滑的车面出现_____。黑色的车还好，白色或浅色的车，就会出现黑色斑点，车面变黄，出现龟裂。

6. 一些管道、空调漏下的水滴，对车面的腐蚀很大，容易_____形成白点，很难清洗。此时又要用到专用于汽车清洗的_____，进行打磨处理。

7. 车身漆面深度清洁是用专用_____和相应的方法，清除车身漆面清洗所清洗不掉的车身漆面_____。

8. 由于车身漆面污垢多种多样，所以车身漆面深度清洁的用品也有很多，而不同的清洁的用品作业方法也不同。一般的车身漆面深度清洁是根据车身漆面污垢的_____，选择合适的_____，并根据所选择的清洁用品的_____进行车身漆面深度清洁作业。

9. 漆面吸附胶主要是用于去除汽车漆面的_____，如柏油、铁粉、鸟（虫）粪便、树胶、喷漆飞溅以及空气中酸雨形成的氧化物等。清除漆面_____特别有效。

10. 柏油清洁剂适用于各种_____，如金属，车漆，塑料，玻璃等上的焦油、沥青、鸟粪渍清除。柏油清洁剂能快速_____、溶解及清除汽车、摩托车及金属轮框上的_____、鸟粪渍等难以清洗的污垢，清洁且不会腐蚀被清洁物体。

11. 万能泡沫清洁剂适用于_____可清洗之物体表面。本品具有强烈去污功能,可迅速清除油渍、茶渍等顽固污渍，使物体表面恢复亮丽，光洁如新。

12. 虫胶去除剂可软化、融化粘在车身各处包括漆面，塑料镀膜部件、车窗、多种碳酸盐材料部件上的_____，可以在冲洗汽车、直接清洗之前使用。

（二）论述题（共 5 分）

1. 简述车身漆面深度清洁的作用。

2. 简述酸雨对车身漆面的损伤作用。

二、车身漆面深度清洁操作实践题（共 40 分）

（一）使用漆面吸附胶、去污泥进行车身漆面深度清洁的操作规范

如果汽车漆面有顽固污渍：柏油、铁粉、鸟（虫）粪便、树胶、喷漆飞溅以及空气中酸雨形成的氧化物等，尤其是漆面有铁粉时，可选择使用漆面吸附胶进行深度清洁，如图 1-36 所示。

将胶块或去污泥捏成片状，边用喷壶对需要清洁的漆面喷洗车液，边用手按住胶块在清洁面轻轻反复擦抹，如图 1-36 所示。把胶块或去污泥上粘有污物的部分捏在中间，保持用干净面去摩擦车身表面。

图 1-36 用漆面吸附胶清除铁粉和污物的操作

（二）使用去污蜡进行深度清洁的操作规范

1. 去污蜡的选定

根据车身的实际情况来选定合适的车蜡。如果车身漆面严重氧化、腐蚀、褪色的现象或车漆表层有发丝浅划痕（未露底漆和金属层的浅划痕），可选择去污蜡或强力去污蜡。

2. 作业中去污蜡的使用量的确定

每次上蜡，在海绵块涂上适量的车蜡，如图 1-37 所示。不要太多，每次打蜡面积不宜过大。

3. 深度清洁操作规范

用涂有蜡的海绵在需去污修复的车漆表层往复擦拭进行深度清洁，如图 1-38 所示。

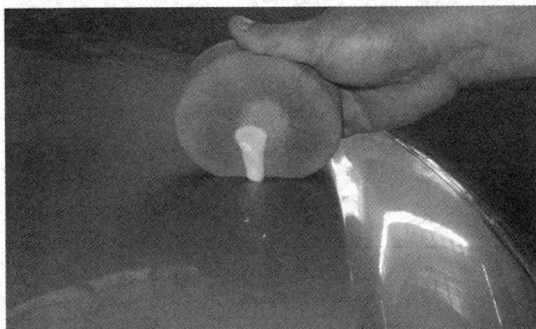

图 1-37 在海绵上倒适量去污蜡

图 1-38 用涂有蜡的海绵在车漆表层往复擦拭

4. 汽车外部清洗

去污蜡深度清洁完成后，做汽车外部清洗，擦干车身。

（三）使用柏油清洁剂进行深度清洁的操作规范

（1）目视检查出在车身上的柏油颗粒。

（2）将柏油清洁剂喷洒在柏油处。

（3）等待车身上的柏油溶解。

（4）擦拭溶解后的柏油，如果仍未能完全溶解，可再多喷洒一些柏油清洁剂使其溶解。

（5）擦拭干净后，立即用清水清洗该处并擦拭干净。

（6）将全车或只将清洗柏油的部分打蜡、清洁。

三、车身漆面深度清洁技能考核（共 50 分）

车身漆面深度清洁技能考核主要有漆面吸附胶、去污泥深度清洁，去污蜡深度清洁和柏油清洁剂深度清洁等，见表 1-5。

表 1-5　　　　　　　　　　车身漆面深度清洁技能考核评分表　　　考核教师签字：＿＿＿＿＿

序号	项目	配分	技术说明	得分
1	漆面吸附胶、去污泥深度清洁	30	使用漆面吸附胶、去污泥进行深度清洁	
2	去污蜡深度清洁	10	去污蜡深度清洁	
3	柏油清洁剂深度清洁	10	柏油清洁剂深度清洁	

指导教师签名：　　　　　　　　　　　　　　　　　　　总分：

四、单元三学习成绩统计

单元三的教学任务全部完成后，对本单元中的各个理论学习领域、技能训练成绩等进行单元学习成绩统计，见表 1-6。

表 1-6　　　　　　　　　　单元三学习成绩统计表　　　考核教师签字：＿＿＿＿＿

序号	考核内容	配分	评分标准	考核记录	扣分	得分
1	车身漆面深度清洁理论知识	10	能完成所有题目，错漏一题扣 1 分			
2	车身漆面深度清洁技能实践	40	能完成所有项目			
3	车身漆面深度清洁技能考核	50	能正确完成所有项目			
	合计	100				

一、汽车室内清洁与护理理论知识题

1. 汽车室内部件平时受到外界油、尘、泥沙、烟、乘客汗垢以及空气循环等不良因素影响，使汽车室内空气_____，内饰中的地毯、真皮或丝绒座椅、空调口、后备箱等处经常接触潮湿的空气和水，使丝绒发霉、_____，甚至产生难闻的气味。还滋生细菌，影响身心健康、不利_____。因此，汽车室内的清洁护理非常重要。

2. 经常做汽车室内清洁与护理可以达到。第一，_____汽车室内的内饰环境。有利于人的生理及心理健康；第二，汽车室内清洁干净的环境，有利于人的_____。第三，汽车室内各个部位清洁、杀菌除臭和护理等可以延长这些部件的_____。

3. 汽车室内清洁护理的项目具有多样性，不同材料的部件的清洁护理需使用相应的养护用品和_____。

4. PRO 汽车室内清洁护理流程：全车清洗、全车脱水、整理车内物品、_____、仪表台清洗、中央储物箱清洗、烟灰缸及杂物箱清洗、车门板清洁、_____、后台清洗、安全带清洗、_____、后备箱清洗、全车门边、门柱橡胶条清洗、空调清洁、仪表台、中控台上光护理、门板上光护理、_____、全车室内塑料件的防老化处理、车门锁润滑护理、_____、全车缝隙风枪吹尘、把放在杂物箱的车上物品放回车内、全车仔细检查、整理、交车。

5. 图 2-1 所示为汽车室内除尘清洁的何种工作。

_____   _____

图 2-1　汽车室内除尘清洁的各种工作情况示意

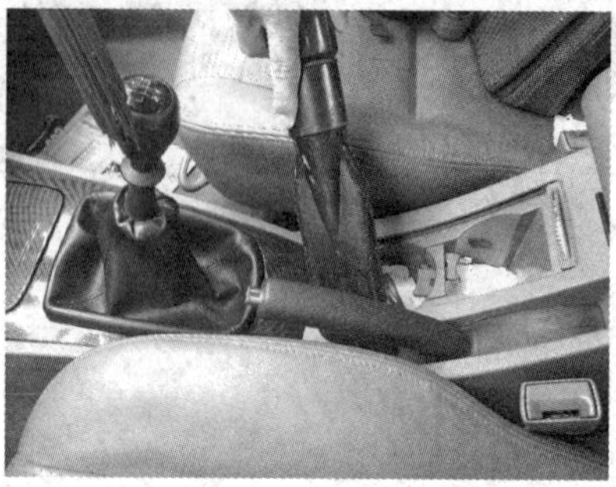

图 2-1　汽车室内除尘清洁的各种工作情况示意（续）

二、汽车室内清洁与护理论述题

简述汽车室内清洁与护理的作用。

单元二　汽车室内顶棚清洁护理

一、汽车室内顶棚清洁护理理论知识题（共 10 分）

1. 汽车室内顶棚清洁护理是汽车室内清洁与护理项目中的_____，与车内其他的装饰件一样，受到外界油、尘、泥沙、烟、乘客汗垢以及空气循环等不良因素影响，使车内室_____，丝绒顶棚经常接触潮湿的空气和水，使丝绒_____甚至产生难闻的气味。还滋生细菌，影响身心健康、不利驾驶心境。因此，汽车内室顶棚的清洁护理非常重要。

2. 汽车室内除尘清洁工作，先是清除_____和整理车内的物品，然后使用吸尘器进行车内_____吸尘。

3. 清除大型垃圾，整理车内的物品_____吸尘，如脚踏板、坐垫、椅背、腰背靠垫、录音带、钱币等。

二、汽车室内顶棚清洁护理操作实践（共 40 分）

1. 使用龙卷风清洗枪清洗顶棚

使用龙卷风清洗枪配合清洁产品清洗顶棚要由里往外，进行第一遍清洁如图 2-2 所示；

2. 擦拭顶棚

使用干净的毛巾擦拭汽车顶棚如图 2-3 所示。

3. 用干洗枪吹干顶棚

干洗枪与顶棚之间保持 30°～45° 倾斜角度进行吹干。

Y! 注意　清洗顶棚如果不按标准手法进行清洁，有可能会导致顶棚鼓包，甚至脱落。

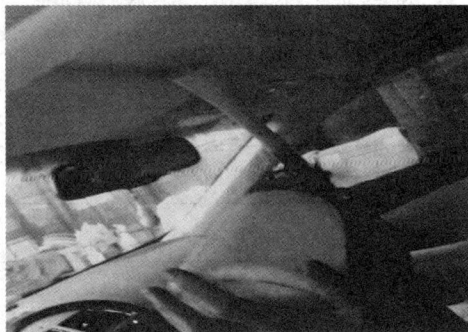

图 2-2　使用龙卷风清洗枪清洗顶棚操作

图 2-3　使用干净的毛巾擦拭顶棚操作

三、汽车室内顶棚清洁护理技能考核（共 50 分）

汽车室内顶棚清洁护理技能考核主要有清洗枪清洗顶棚、擦拭顶棚等，见表 2-1。

表 2-1　　　　　　　汽车室内顶棚清洁护理技能考核评分表　　考核教师签字：＿＿＿＿＿＿

序号	项目	配分	技术说明	得分
1	清洗顶棚	30	使用龙卷风清洗枪清洗顶棚	
2	擦拭顶棚	20	使用毛巾擦拭顶棚	

指导教师签名：　　　　　　　　　　　　　　　总分：

四、单元一学习成绩统计

单元一的教学任务全部完成后，对本单元中的各个理论学习领域、技能训练成绩等进行单元学习成绩统计，见表 2-2。

表 2-2　　　　　　　　单元一学习成绩统计表　　　　考核教师签字：＿＿＿＿＿＿

序号	考核内容	配分	评分标准	考核记录	扣分	得分
1	汽车室内顶棚清洁护理理论知识	10	能完成所有题目，错漏一题扣2分			
2	汽车室内顶棚清洁护理技能实践	40	能完成所有项目			
3	汽车室内顶棚清洁护理技能考核	50	能正确完成所有项目			
	合计	100				

单元二　汽车室内仪表台、中控台清洗护理

一、汽车室内仪表台、中控台清洗护理理论知识题（共 10 分）

1. 汽车室内仪表台清洗护理是汽车室内清洁与护理项目中的＿＿＿＿＿＿，与车内其他的装饰件一样，受到外界油、尘、泥沙、烟、乘客汗垢以及空气循环等＿＿＿＿＿＿影响，使车内室空气受污染。

2. 仪表台、中控台经常接触＿＿＿＿＿＿的空气和粉尘，使仪表台、中控台上布满灰尘和＿＿＿＿＿＿。还滋生细菌，影响身心健康，不利＿＿＿＿＿＿。因此，汽车室内仪表台、中控台清洗上光护理＿＿＿＿＿＿＿＿＿＿。

3. 经常做汽车室内清洁与护理可以达到。第一，＿＿＿＿＿＿汽车室内的内饰环境。有利

于人的生理及心理健康；第二，汽车室内清洁干净的环境，有利于人的_____。第三，汽车室内各个部位清洁、杀菌除臭和护理等可以延长这些部件的_____。

4. 所有的电子部件都不能直接使用龙卷风清洗枪清洗，这样容易使电子部件_____。凡是电子部件的地方清洗都要使用_____，或者毛刷配合毛巾清洗。

二、汽车室内仪表台、中控台清洗护理操作实践题（共 40 分）

1. 护理前的准备工作

把仪表台、中控台、储物箱里的所有物品拿出放好。

2. 护理工作

使用龙卷风清洗枪配合清洗剂如 PRO 环保专业多功能清洗剂 C-84、海绵、毛巾清洗。

注意 所有的电子部件都不能直接使用龙卷风清洗枪清洗，这样容易使电子部件短路，应使用干洗枪，或者毛刷配合毛巾清洗，如图 2-4 和图 2-5 所示。

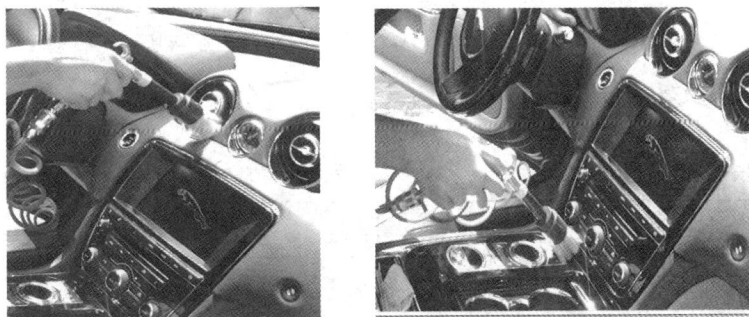

图 2-4　使用干洗枪对电子部件进行清洗

图 2-5　使用毛刷对电子部件进行清洗

3. 护理完成后的工作

整理所使用的工具和用品并放回原位。

4. 竣工验收检查。

清洁护理完成后，检查全车。

三、汽车室内仪表台、中控台清洗护理技能考核（共 50 分）

汽车室内仪表台、中控台清洗考核主要有清洗仪表台、中控台和清洗仪表台、中控台中有电子部件的地方等，见表 2-3。

表 2-3　　　　汽车室内仪表台、中控台清洗护理技能考核评分表　　考核教师签字：＿＿＿＿＿＿

序号	项目	配分	技术说明	得分
1	清洗仪表台、中控台	30	使用龙卷风清洗枪配合清洗剂清洗仪表台、中控台	
2	清洗仪表台、中控台中有电子部件的地方	20	使用毛刷对电子部件进行清洗	

指导教师签名：　　　　　　　　　　　　　　　总分：

四、单元二学习成绩统计

单元二的教学任务全部完成后，对本单元中的各个理论学习领域、技能训练成绩等进行单元学习成绩统计，见表 2-4。

表 2-4　　　　　　　　单元二学习成绩统计表　　　　　考核教师签字：＿＿＿＿＿＿

序号	考核内容	配分	评分标准	考核记录	扣分	得分
1	汽车室内清洗仪表台、中控台护理理论知识	10	能完成所有题目，错漏一题扣 2 分			
2	清洗仪表台、中控台护理技能实践	40	参与实践并完成所有项目			
3	清洗仪表台、中控台护理技能考核	50	能正确完成所有项目			
	合计	100				

单元三　汽车安全带清洗上光护理

一、汽车安全带清洗护理理论知识题（共 10 分）

1. ＿＿＿＿＿＿与护理项目中的一个部分，与车内其他的装饰件一样，受到外界油、尘、泥沙、烟、乘客汗垢以及空气循环等不良因素影响。

2. 安全带等经常_____，使安全带上布满灰尘和污垢，还滋生细菌，影响身心健康、不利驾驶心境。

3. 安全带是汽车室内车主乘客直接接触最多的地方，也最容易受到人手上的污垢、汗垢的侵蚀。久不清洗容易_____。

4. 汽车室内安全带清洗护理工作流程：清洗前的准备工作、_____安全带，_____安全带。

5. PRO 环保专业多功能清洗剂 C-84，为无腐蚀性设计的强力多功能的清洗剂，可以除去油垢、_____，清除尘土、火山灰、_____、昆虫残渣、蜡笔印痕迹等。可以快速安全地为发动机、轮毂、轮胎、门板和油箱口去除油污，并可为地毯、脚垫、织物、塑料进行清洗。

二、汽车室内安全带清洗护理操作实践题（共 40 分）

1. 清洗前的准备工作

把清洗部位所有物品拿出放好。

2. 清洗安全带

使用龙卷风清洗枪和毛巾配合清洗剂（如 PRO 环保专业多功能清洗剂 C-84）进行清洗如图 2-6 所示。

3. 吹干安全带

用干洗枪吹干安全带。

4. 竣工验收检查。

清洗护理完成后，检查安全带。

清洗前　　　　　　　　　　　清洗中　　　　　　　　　　清洗出来的污垢

图 2-6　安全带清洗过程

三、汽车室内安全带清洗护理技能考核（共 **50** 分）

汽车室内安全带清洗护理考核主要有清洗安全带、吹干安全带等，见表 2-5。

表 2-5　　　　　　　汽车室内安全带清洗护理技能考核评分表　考核教师签字：＿＿＿＿＿＿

序号	项目	配分	技术说明	得分
1	清洗安全带	30	使用龙卷风清洗枪和毛巾配合清洗剂（如 PRO 环保专业多功能清洗剂 C-84）进行清洗	
2	吹干安全带	20	用干洗枪吹干	

指导教师签名：　　　　　　　　　　　　　　　　　总分：

四、单元三学习成绩统计

单元三的教学任务全部完成后，对本单元中的各个理论学习领域、技能训练成绩等进行单元学习成绩统计，见表 2-6。

表 2-6　　　　　　　　　单元三学习成绩统计表　　　　考核教师签字：＿＿＿＿＿＿

序号	考核内容	配分	评分标准	考核记录	扣分	得分
1	清洗安全带护理理论知识	10	能完成所有题目，错漏一题扣 2 分			
2	清洗安全带护理技能实践	40	参与实践并完成所有项目			
3	清洗安全带护理技能考核	50	能正确完成所有项目			
	合计	100				

单元四　汽车座椅清洁护理

一、汽车座椅清洁护理理论知识题（共 **10** 分）

1. 汽车座椅清洁护理是汽车室内清洁与护理项目中的一个部分，其主要是受到人的＿＿＿＿＿、粉尘的污染，久不清洗＿＿＿＿＿。所以座椅的清洗是十分有必要的。

2. 汽车座椅护理的项目具有＿＿＿＿＿，有绒布制品、＿＿＿＿＿等不同材料，不同的座椅清洗护理需使用相应的养护用品，不同的养护用品的_____也有不同。

3. 根据不同材料的座椅选择相应的养护用品，并按养护用品的使用方法进行护理。对于真皮或人造革的汽车座椅等要用_____的皮革上光保护剂、透明保护剂、真皮上光保护剂、皮革化纤清洁保护剂等养护用品，并按这些养护用品的_____进行清洁护理。

4. PRO 汽车真皮座椅清洗工作流程主要有工作前的准备工作、清洗_____、清洗_____、座椅上光和竣工验收检查。

5. PRO 环保专业皮革清洗剂 C-12，为_____皮革清洗剂，酸碱指数为_____，具有皮革气味，能快速完全地清除皮革表面的污垢及油污，且不会有任何残留物及清洗痕迹等。

二、汽车座椅清洗护理操作实践题（共 40 分）

（一）PRO 汽车座椅清洗操作规程

1. 工作前的准备

清空门边、座椅上的所有物品。

2. 清洗门边

使用龙卷风配合 C-84，或者海绵配合 C-84 进行清洗，如图 2-7 所示。

PRO 环保专业清洗剂 C-84，为无腐蚀性的强力多功能清洗剂，可以深入油垢、油污，清除尘土、火山灰、橡胶黑条纹、昆虫残渣、蜡笔印痕迹等。快速安全地为发动机、轮毂、轮胎、门板和油箱口去除油污，并可为地毯、脚垫、织物、塑料制品清洗。

3. 清洗座椅

根据材质选择护理产品。如真皮部位用海绵配合 PRO 环保专业皮革清洗剂 C-12，如图 2-8 所示。该护理产品为专业皮革清洗剂，酸碱指数为中性，具有皮革气味，能快速完全地清除皮革表面的污垢及油污，且不会有任何残留物及清洗痕迹等。

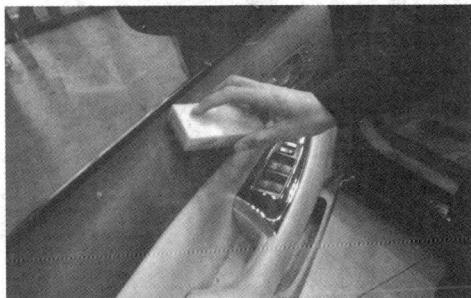

图 2-7　清洗门边

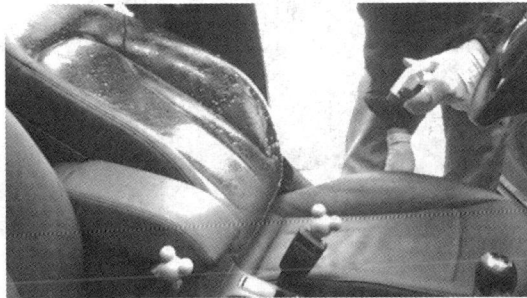

图 2-8　PRO 环保专业皮革清洗剂

4. 真皮座椅上光

选择护理产品。如上光镀膜枪配合 PRO 环保专业真皮上光剂 S-44-Q，如图 2-9 所示。该护理产品含天然的皮革养护原料成分、丰富的乳脂护理剂和防腐剂，可以帮助皮革达到恢复和保护功能。独特的无硅树脂成分很容易渗透到皮革深层，结合纤维以便巩固皮革功效，时刻保持皮革的柔软度和光滑度，可有效地防止紫外线的照射。

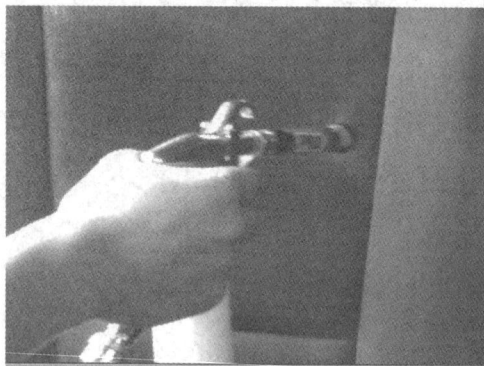

图 2-9 上光镀膜枪配合上光剂上光

（二）传统的汽车真皮座椅清洗上光护理操作规程

1. 使用皮革制品清洁护理用品的清洁护理操作规程

按所选用皮革清洁养护剂产品说明书要求进行汽车真皮座椅清洗上光护理，如使用皮革护理油和皮革保护上光液进行汽车真皮座椅清洗上光护理。

（1）用皮革护理油清洗真皮座椅，先将皮革护理油喷敷在皮革表面污渍处，如图 2-10 所示。

（2）用毛巾擦拭或用软刷刷拭，或用毛巾蘸取皮革护理油在污垢上来回擦拭，如图 2-11 所示。

（3）用干净的湿毛巾擦除皮革上擦洗出来的污渍。

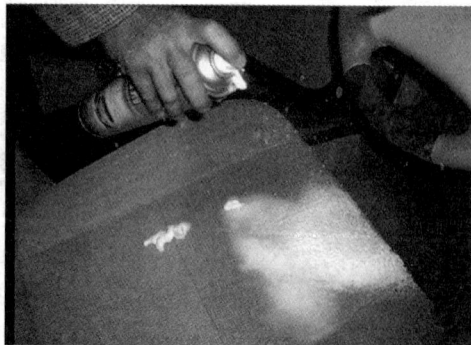

图 2-10 皮革护理油喷敷在皮革表面污渍处

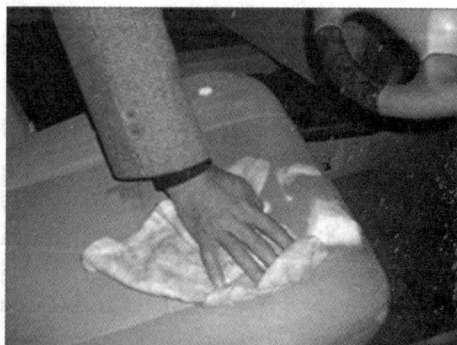

图 2-11 用毛巾擦拭操作

（4）将皮革表面用软布揩擦干净，除去其上的尘土、水气。

（5）待皮革表面干燥后，进行上光护理，将皮革保护上光液喷敷到皮革座椅表面，浸润几分钟。

（6）用干净毛巾反复擦拭，直至皮革光亮如新。若光亮度不够，可多遍喷敷擦拭。

2. 不使用皮革制品清洁护理用品的清洁护理操作规程

中、高级轿车多是真皮座椅，化学清洗剂是不能随使用的，应选用强碱性的清洗剂，如肥皂水，进行清洁护理。

（1）用干净软毛巾温水浸泡，将肥皂水适量均匀洒在毛巾上，然后轻轻擦拭座椅（褶皱处可反复擦拭）。

（2）擦拭完成后，让其通风晾干，再用不含肥皂水的干净湿毛巾擦拭两遍即可。

（3）在清洁后不要用吹风机快速吹干皮革，可用棉纸或柔软毛巾擦干，避免刮伤真皮，也可以在阴凉通风处自然风干。

（三）丝绒座椅清洗护理操作规程

（1）按所选用丝绒制品的清洁护理用品产品说明书要求，如使用多功能泡沫清洁剂清洗时，先将多功能泡沫清洁剂喷涂在丝绒座椅污渍处，如图 2-12 所示。

（2）数分钟后，用湿毛巾来回擦拭污渍处，如图 2-13 所示。

（3）用干毛巾吸除水和污渍。

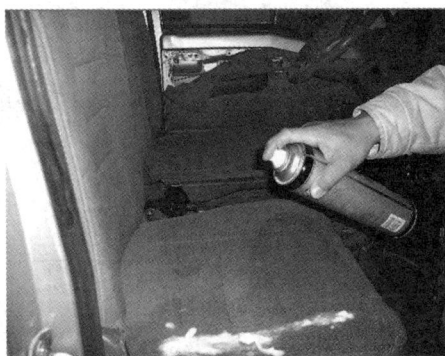

图 2-12　清洁剂喷洒在座椅绒布的污面上　　　图 2-13　用湿毛巾往复擦拭操作

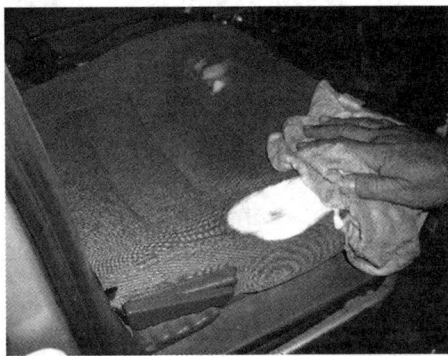

在织绒座椅不是很脏的时候，可用长毛的刷子和吸力强的吸尘器配合，一边刷座椅表面，一边用吸尘器的吸口把污物吸出来。对于特别脏的座椅，清洁时就要进行以下几个步骤：首先用毛刷子清洗较脏的局部（如较大污渍、垃圾等），然后用干净抹布蘸少量中性洗

涤液，在半干半湿的情况下全面擦拭座椅表面(注意抹布一定要拧干)，最后用吸尘器再次清洁座椅并消除多余的水分。

（四）汽车丝绒座椅清洁护理工作流程

1. 清洗前准备工作，将丝绒座椅表面用软布擦拭干净。

2. 选用专用丝绒清洁剂清洗丝绒座椅。

3. 竣工验收检查。

三、汽车座椅清洗护理技能考核（共 50 分）

汽车座椅清洗护理考核主要有清洗门边、清洗座椅、真皮座椅上光等，见表2-7。

表2–7　　　　　　　　汽车座椅清洗护理技能考核评分表　　　　考核教师签字：＿＿＿＿＿

序号	项目	配分	技术说明	得分
1	清洗门边	10	使用龙卷风配合 C-84，或者海绵配合 C-84 进行清洗	
2	清洗座椅	20	用海绵配合 PRO 环保专业皮革清洗剂清洗	
3	真皮座椅上光	20	上光镀膜枪配合 PRO 环保专业真皮上光剂上光护理	

指导教师签名：　　　　　　　　　　　　　　　　总分：

四、单元四学习成绩统计

单元四的教学任务全部完成后，对本单元中的各个理论学习领域、技能训练成绩等进行单元学习成绩统计，见表2-8。

表2–8　　　　　　　　单元四学习成绩统计表　　　　考核教师签字：＿＿＿＿＿

序号	考核内容	配分	评分标准	考核记录	扣分	得分
1	汽车座椅清洗护理理论知识	10	能完成所有题目，错漏一题扣2分			
2	座椅清洗护理技能实践	40	参与实践并完成所有项目			
3	座椅清洗护理技能考核	50	能正确完成所有项目			
	合计	100				

单元五　汽车室内地毯清洁

一、汽车室内地毯清洁护理理论知识题（共 10 分）

1. 汽车室内地毯清洁是汽车室内清洁与护理项目中的_____，与车内其他的装饰件一样，受到外界油、_____、_____、烟、乘客汗垢以及空气循环等不良因素影响。

2. 室内地毯经常接触_____的空气和粉尘，使室内地毯上布满灰尘和污垢，甚至发霉，还_____，甚至产生难闻的气味，影响身心健康、_____驾驶心境。因此，汽车室内地毯清洁非常重要。

3. 经常做汽车室内清洁与护理可以达到。第一，_____的内饰环境。有利于人的_____及心理健康；第二，汽车室内清洁干净的环境，有利于人的身体健康。第三，汽车室内各个部位清洁、杀菌除臭和护理等可以延长这些部件的使用寿命。

4. PRO 环保专业地毯清洗剂 C-54，高效泡沫_____，在去除顽固_____的同时保证纤维制品较少的_____，并更快干燥，可恢复纤维制品的光亮及色彩。

5. 汽车室内地毯清洁工作流程有脚垫车外清洗、_____、_____和竣工验收检查。

二、汽车室内地毯清洁护理操作实践题（共 40 分）

1. 脚垫车外清洗和甩干

从车内取出脚垫，用喷水枪冲洗，如图 2-14 所示。喷洒清洗剂，用板刷刷洗，再次用水枪将脚垫正面的清洗剂和脚垫背面完全冲洗干净，按照地毯甩干机承受能力，将脚垫竖直放置（正面向外）甩干如图 2-15 所示。

图 2-14　喷水枪冲洗脚垫操作

图 2-15　甩干机甩干脚垫操作

2. 室内地毯吸尘

使用吸尘器吸尘，如图 2-16 所示。

3. 清洗枪清洗

使用捶打式地毯清洗枪配合 C-54 进行清洗，如图 2-17 所示。

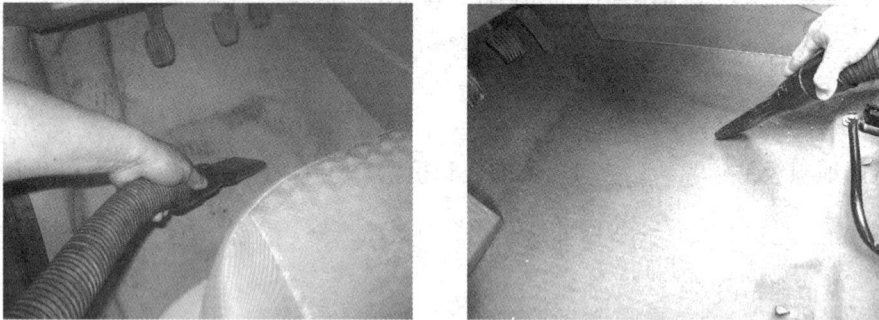

图 2-16 用吸尘器吸尘

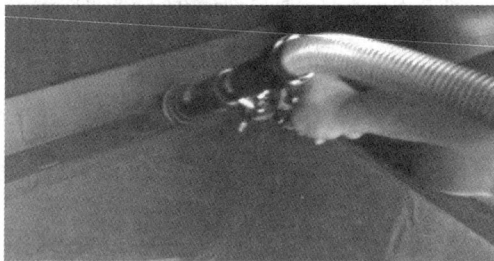

图 2-17 使用捶打式地毯清洗枪配合 C-54 进行清洗

三、汽车室内地毯清洁护理技能考核（共 **50** 分）

汽车室内地毯清洁护理考核主要有脚垫车外清洗、室内地毯吸尘、地毯清洗等，见表 2-9。

表 2-9　　　　　　　　汽车室内地毯清洁护理技能考核评分表　　　考核教师签字：_____

序号	项目	配分	技术说明	得分
1	脚垫车外清洗	10	使用水枪冲洗和甩干机进行脚垫车外清洗	
2	室内地毯吸尘	20	使用吸尘器吸尘	
3	地毯清洗	20	使用捶打式地毯清洗枪配合 C-54 进行清洗	

指导教师签名：　　　　　　　　　　　　　　　　　　总分：

四、单元五学习成绩统计

单元五的教学任务全部完成后，对本单元中的各个理论学习领域、技能训练成绩等进行单元学习成绩统计，见表2-10。

表2-10　　　　　　　　　　单元五学习成绩统计表　　　　考核教师签字：_____

序号	考核内容	配分	评分标准	考核记录	扣分	得分
1	汽车室内地毯清洁护理理论知识	10	能完成所有题目，错漏一题扣2分			
2	汽车室内地毯清洁护理技能实践	40	参与实践并完成所有项目			
3	汽车室内地毯清洁护理技能考核	50	能正确完成所有项目			
	合计	100				

单元六　全车室内塑料部件防老化处理

一、全车室内塑料部件防老化处理理论知识题（共10分）

1. _____是汽车室内清洁与护理项目中的一个部分，与车内其他的装饰件一样，受到外界油、尘、泥沙、烟、乘客汗垢以及空气循环等不良因素影响。

2. 全车室内塑料部件经常_____，使全车室内塑料件上布满灰尘和污垢，而且使_____。因此，全车室内塑料部件的防老化处理非常重要。

3. 经常做汽车室内清洁与护理可以达到。第一，_____。有利于人的生理及心理健康；第二_____，有利于人的身体健康。第三，_____
_____。

4. 全车室内塑料部件防老化处理工作流程有清洗、_____等。

5. PRO环保专业上光剂S-92，为_____上光剂，有樱桃香味，具有很高的光泽度及抗紫外线功效。适用于橡胶及_____制品。含有丰富的水调解成分，可柔软和退色的塑料、橡胶表面。

二、全车室内塑料部件防老化处理操作实践题（共 40 分）

（一）PRO 全车室内塑料部件防老化处理操作规程

（1）使用龙卷风清洗枪配合 C-84 进行清洗。

（2）使用上光镀膜枪配合 S-92 进行上光，之后等待 15 分钟。

（3）用擦蜡专业的毛巾进行均匀擦拭。

（二）传统全车室内塑料部件防老化处理操作规程

如仪表板、排挡区、置物箱、转向盘、车门内衬、空调通风口等清洁护理。

对于车内不同部位的橡塑制品，应根据其材质，有针对性地使用不同的专用护理用品，可以有效清洁抛光汽车橡塑部件表面的细微刮痕、瑕疵、雾面及污垢。但在清洁仪表台时，为了防止因光的漫射而对驾驶员产生干扰，应使用不会发出耀眼亮斑的增亮剂。

（1）用吸尘器除去橡塑制品部位的灰尘，特别是条纹、折皱、边角的地方。

（2）如选用表板蜡做清洁护理用品来清洁护理转向盘、车门内饰时，按所选用表板蜡产品说明书要求，使用前先将表板蜡罐摇动，将表板蜡摇匀。

（3）直立罐身，将表板蜡喷涂在橡塑制品部位表面污渍处，如图 2-18 所示。

（4）再用干净软毛巾往复擦拭橡塑制品部位，直到光亮为止，如图 2-19 所示。

图 2-18　将表板蜡喷洒在橡塑部件表面污渍处

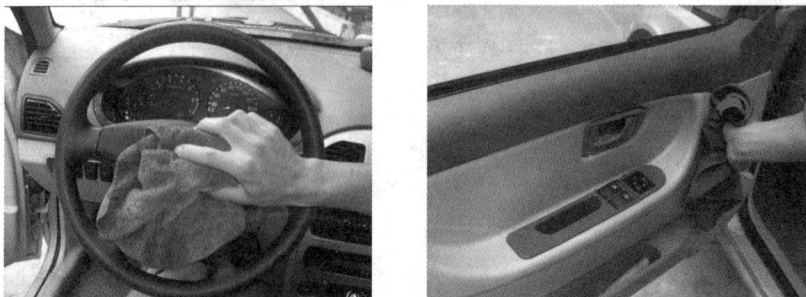

图 2-19　用干净软毛巾往复擦拭操作

三、全车室内塑料部件防老化处理技能考核（共 50 分）

全车室内塑料部件防老化处理技能考核主要有全车室内塑料部件清洗、全车室内塑料部件上光等，见表 2-11。

表 2-11　　　　　　全车室内塑料部件防老化处理技能考核评分表　　考核教师签字：＿＿＿＿＿＿

序号	项目	配分	技术说明	得分
1	全车室内塑料部件清洗	25	使用龙卷风配合 C-84 进行清洗	
2	全车室内塑料部件上光	25	使用上光镀膜枪配合 S-92 进行上光，用擦蜡专业的毛巾进行擦拭	

指导教师签名：　　　　　　　　　　　　　　　　　总分：

四、单元六学习成绩统计

单元六的教学任务全部完成后，对本单元中的各个理论学习领域、技能训练成绩等进行单元学习成绩统计，见表 2-12。

表 2-12　　　　　　　　单元六学习成绩统计表　　　　考核教师签字：＿＿＿＿＿＿

序号	考核内容	配分	评分标准	考核记录	扣分	得分
1	全车室内塑料部件防老化处理理论知识	10	能完成所有题目，错漏一题扣 2 分			
2	全车室内塑料部件防老化处理技能实践	40	参与实践并完成所有项目			
3	全车室内塑料部件防老化处理技能考核	50	能正确完成所有项目			
	合计	100				

单元七　全车室内除臭消毒

一、全车室内除臭消毒理论知识题（共 10 分）

1. 全车室内除臭消毒是汽车室内清洁与护理项目中的＿＿＿＿＿部分，汽车受到外界油、尘、泥沙、烟、乘客汗垢以及空气循环等不良因素影响，使车内室空气_____，因此，全车室内除臭消毒非常重要。

2. PRO 全车室内除臭消毒工作流程有内室_____、消毒前准备工作、全车室内_____等。

3. PRO 环保除臭剂 S-42-Q，吸收异味，而不掩盖正常的气味，特制活性成分可以永久消除异味。可用于_____、房屋内、宠物医院、游艇等。

4. 臭氧消毒机适用于汽车内消毒。臭氧消毒机制造出来的大量_____，可以在较短的时间内破坏_____、病毒和其他微生物的结构，使之失去生存能力。当其浓度超过一定数值后，消毒杀菌甚至可以瞬间完成。

5. 84 消毒液含氯量为 5%，使用时必须加_____倍的水进行稀释，如果不按比例稀释会有一定腐蚀性。84 消毒液不具挥发性，对肝炎等病毒可通过浸泡起效，但对空中飘浮的飞沫没有什么作用。

二、全车室内除臭消毒操作实践题（共 40 分）

（一）PRO 全车室内除臭消毒操作规程

1. 全车室内清洁。

2. 做好消毒前准备（起动发动机，打开空调，开启 A/C 键，空调风力开到 3 挡）

3. 进行全车室内消毒，如图 2-20 所示。

图 2-20 全车室内消毒（全车密封）

（二）以 84 消毒液为例的化学杀毒的操作规程

1. 84 消毒液的配置如图 2-21 所示，加 200 倍的水进行稀释，如果不按比例稀释会有一定腐蚀性。

2. 车内进行喷洒 84 消毒液消毒，如图 2-22 所示。

3. 打开车门通风几分钟，消除 84 消毒液味道。

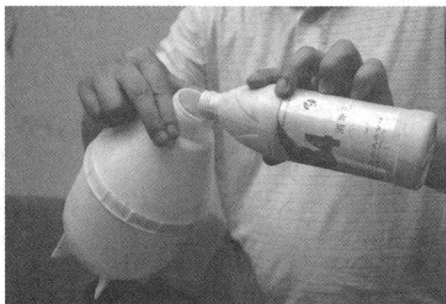

图 2-21　84 消毒液的配置操作

图 2-22　车内喷洒 84 消毒液消毒操作

（三）臭氧消毒机的使用操作规程

1. 将车窗门关上，在其中一个车窗留下一些缝隙。

2. 将臭氧消毒机的臭氧气管从车窗缝隙插入车内，如图 2-23 所示。

3. 接通臭氧消毒机电源，进行消毒大约 10 分钟。

4. 消毒完成后，打开车门通风几分钟，消除臭氧味道，如图 2-24 所示。

图 2-23　臭氧消毒机消毒操作

图 2-24　消毒完成后，打开车门通风消除臭氧味道操作

（四）光触媒原液喷施操作规程

光触媒原液喷剂的喷施操作，用前摇匀，喷涂前先清理干净被涂物表面。喷嘴距离被喷涂物表面 30～45cm，以全面均匀喷涂为原则，涂布面以 $100～200m^2/kg$ 为最佳效果，可视需要待其干燥后再喷涂第二次。

（五）喷洒空气清新剂操作规程

车室内喷施空气清新剂（又称香水或香水补充液），将空气清新剂喷于空调通风口或地毯下面。起动发动机，打开空调5min，进行车室内除异味、杀菌处理。然后打开车门让空气自然流通。

三、全车室内除臭消毒技能考核（共 50 分）

PRO 全车室内除臭消毒技能考核主要有车室内清洁、消毒前准备工作、全车室内消毒等，见表 2-13。

表 2-13　　　　　　全车室内除臭消毒技能考核评分表　　　考核教师签字：＿＿＿＿＿＿

序号	项目	配分	技术说明	得分
1	车室内清洁	10	做室内清洁	
2	消毒前准备工作	20	将车窗门关上，在其中一个车窗留下一些缝隙	
3	全车室内消毒	20	使用臭氧消毒机消毒	

指导教师签名：　　　　　　　　　　　　　　　总分：

四、单元七学习成绩统计

单元七的教学任务全部完成后，对本单元中的各个理论学习领域、技能训练成绩等进行单元学习成绩统计，见表 2-14。

表 2-14　　　　　　　　单元七学习成绩统计表　　　　　考核教师签字：＿＿＿＿＿＿

序号	考核内容	配分	评分标准	考核记录	扣分	得分
1	全车室内除臭消毒理论知识	10	能完成所有题目，错漏一题扣 2 分			
2	全车室内除臭消毒技能实践	40	参与实践并完成所有项目			
3	全车室内除臭消毒技能考核	50	能正确完成所有项目			
	合计	100				

3 车身漆面护理

一、车身漆面还原修复护理理论知识题（共 50 分）

1. 随着全球工业化程度的提高，空气中存在大量有害气体，如：SO_2、CO_2、NO_2 等，其会和空气中的水分子形成_____，造成对汽车漆面的损坏，出现铁锈斑点、变色、粗糙。以上这些漆面损坏现象是普通洗车不能_____，这时就需要做漆面_____或使用抛光、封釉等方法对车漆表面划痕及粗糙不平部位进行还原修复护理。

2. 车身漆面氧化的主要原因是由于阳光中的_____造成汽车涂层氧化。如果车身在阳光下暴晒时还挂着水滴，_____的速度会加快很多。

3. 汽车金属漆容易发生_____，这是一种非常细微的裂纹，会不断地渗透车漆，直至击穿整个色漆层。

4. 车身漆面褪色的主要原因是大气层中的_____和污染物造成的。褪色、变色现象一般都发生在车身的前盖、车顶和后厢盖，这种褪色与氧化不同，氧化时，车身整体发乌、发白，而褪色时，车漆出现不均匀的_____。

5. 金属漆的褪色是由于尘埃、雨水中的_____、_____对金属漆中铝箔的腐蚀所引起的。色漆则是由于漆中的_____与上述污染物发生化学反应而导致颜色上的改变，有时会出现蚀痕。

6. 车漆很容易出现水痕，或者叫水纹。水痕纹呈环状，是水滴_____后留下的痕迹。水痕迹中的化学物质在阳光照射下车体升温时，会继续与车漆表面发生_____，从而加重水痕。

7. 车身漆面蚀痕主要是由于鸟和昆虫_____、树叶、焦油沥青等引起的，这些物质会与车漆表面产生化学反应，开始渗透。它们的渗透速度比水痕要_____。

8. 对汽车的漆面氧化、龟裂、褪色、划痕等症状仅用清水冲洗方法是_____的。需要做一些专门的车身漆面_____护理，如漆面氧化护理、漆面还原修复护理、车身漆面研磨抛光镜面处理、车身漆面封釉和镀膜处理、车身漆面深浅划痕处理等来消除漆面氧化、龟裂、褪色、划痕等症状。

9. 车身漆面氧化护理是对汽车漆膜表面进行通过全车清洗、_____、沥青等异物、使用润滑剂配合胶泥进行全车_____、清洗、全车脱水、全车打蜡等多道工序来消除漆面细微划痕、_____等，让汽车漆面呈现出它的光泽。

10. 车身漆面还原修复护理工作流程：全车清洗、全车脱水、_____、车身漆面还原修复护理、_____、镀晶、轮胎、轮毂清洁上光防腐护理、_____、保养护理、车体外部玻璃清洁护理、全车缝残留去除处理、竣工验收检查。

二、车身漆面还原修复护理论述题（共 50 分）

简述车身漆面还原修复护理的作用。

三、车身漆面还原修复护理工作流程

（1）全车清洗（按普洗标准）。

（2）全车脱水（按干车标准）。

（3）车身漆面氧化护理，如图 3-1 所示。

（4）车身漆面还原修复护理，如图 3-2 所示。

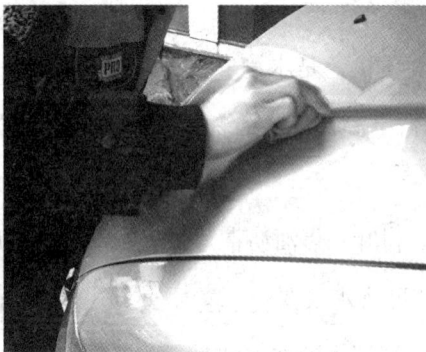

图 3-1　车身漆面氧化护理

图 3-2　车身漆面还原修复护理

（5）镀膜或镀晶，如图 3-3 所示。

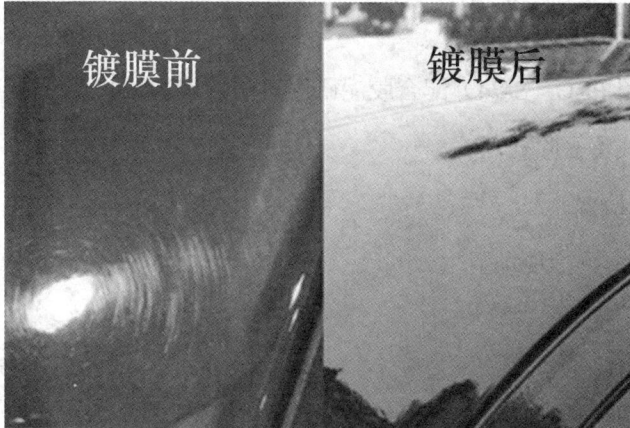

图 3-3　镀膜前和镀膜后的效果对比

（6）轮胎、轮毂清洁上光防腐护理，如图 3-4 所示。

图 3-4　轮胎、轮毂清洁上光防腐护理

（7）车体外部橡胶清洁还原、保养护理，如图 3-5 所示。

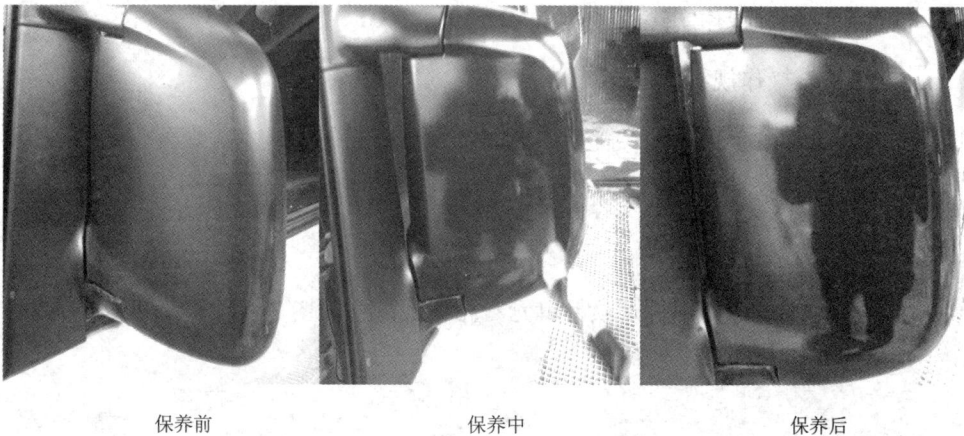

保养前　　　　　　　　　　保养中　　　　　　　　　　保养后

图 3-5　车体外部橡胶清洁还原和保养护理过程

（8）车体外部玻璃清洁护理。

具体操作：使用 PRO（S-74）配合胶泥研磨清洁护理。

（9）全车缝隙残留去除处理。

（10）竣工验收检查。

（11）收拾工具，打扫现场卫生。

（12）竣工验收。

单元一二 车身漆面氧化护理

一、车身漆面氧化护理理论知识题

1. _____，以上这些漆面现象是普通洗车不能去除的，这时就需要做_____。

2. _____一样，是后续高端漆面护理的基础项目，漆面氧化护理做不好，后续的漆面护理就不可能做好。

3. 车身漆面氧化护理的工作流程为全车检查、全车清洗、_____、_____、全车清洗、全车脱水、_____、全车缝隙残蜡去除处理、全车电镀件、塑料件上光、轮胎上光、竣工验收检查等工序。

二、漆面氧化护理操作实践题（共 40 分）

（一）全车检查操作规程

接车后首先进行全车检查，检查车漆表面是否有明显的划痕，检查车内是否有损伤，装饰是否有脱落迹象，是否有贵重物品，电子元件是否一切正常。

（二）全车清洗操作规程

全车清洗操作规程详见项目一项目单元一相关部分，如图 3-6 所示。

图 3-6 全车清洗操作

（三）全车研磨操作规程

1. 手工过胶泥全车研磨操作规程

手工过胶泥全车研磨操作详见项目一项目单元三相关部分。

全车清洗（按普洗流程清洗）后，接着处理全车漆面上的树胶、沥青等异物，然后使用润滑剂配合胶泥（胶泥是一种火山泥，它能通过研磨吸附车漆上的绝大部分氧化物）进行全车研磨，如图 3-7 所示。

图 3-7 漆面吸附胶研磨操作

全车研磨的顺序为：由上而下，从前往后，研磨车身、车灯、玻璃、后视镜以及边缝角落等部位。

> **注意** 在磨胶泥时，尽量避免胶泥停留在漆面上，在磨边角处、外饰条等缝隙时需要避免胶泥粘留在车表面上。

2. 机器过胶泥全车研磨

机器过胶泥全车研磨操作图 3-8，使用打蜡机、水磨盘等工具和胶泥进行过胶泥全车研磨。全车研磨的顺序与手工过胶泥全车研磨相同。机器过胶泥操作方法与机器打蜡方法相同。

Y! 注意

使用机器时，机器上的气管不能触碰车漆，如图 3-8 所示。

图 3-8　机器过胶泥研磨标准操作姿势

全车研磨完成后，用洗车液（如 PRO 环保超级洗车液 C-60、伍尔特等）进行全车清洗。

（四）全车脱水操作规程

全车脱水操作规程详见项目一项目单元一相关部分。

全车脱水（干车流程）后，使用吹尘枪，进行吹水，检查并去除全车残留的树胶、沥青等。

（五）全车打蜡操作规程

全车进行打蜡护理操作规程如图 3-9 所示。打蜡时手法需要均匀，控制好力度，切记不要一块厚、一块薄的，减少后续收蜡工序的难度，全车涂抹均匀后使用白色干净的蜡布进行收蜡。

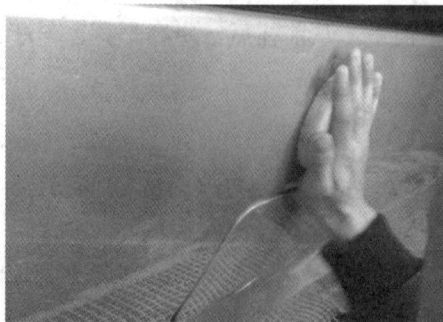

图 3-9　打蜡护理

（六）全车缝隙残蜡去除处理操作规程

全车打蜡操作完成后，进行全车缝隙残蜡去除处理，如图 3-10 所示。

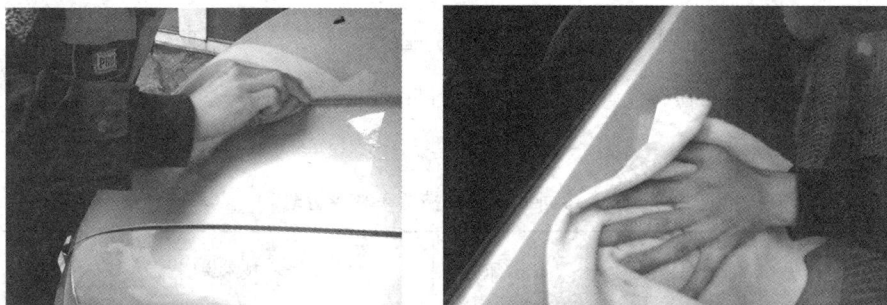

图 3-10　全车缝隙残蜡去除处理

（七）全车电镀件，塑料件上光操作规程

使用上光镀膜枪，配合产品 S-92 进行上光，如图 3-11 所示。

图 3-11　电镀件，塑料件上光　　　　图 3-12　使用上光镀膜枪给轮胎上光

（八）轮胎上光操作规程

轮胎上光也使用上光镀膜枪配合产品 S-87 进行，如图 3-12 所示。使用 S-92 与 S-87 上光得出的效果是一样的，但是 S-92 不能用于轮胎上光，因为 S-92 不防水，用 S-92 给轮胎上光也可以有效果，但是时间不长久，没有保护轮胎的效果，所以轮胎上光采用防水的 S-87；S-87 同样也是不能用以汽车内饰塑料件的上光，它油性重，能让人明显地感到油性，所以不能用以车内饰塑料件的上光。

（九）全车仔细检查

完成车身漆面氧化护理后，对全车进行仔细检查。

（十）收拾工具，打扫现场卫生。

整理护理工具和用品并归放到原位。

三、车身漆面氧化护理技能考核（共 50 分）

车身漆面氧化护理技能考核主要有手工过胶泥全车研磨、机器过胶泥全车研磨、全车打蜡、全车缝隙残蜡去除处理、全车电镀件和塑料件上光、轮胎上光等，见表 3-1。

表 3-1 　　　　　　　　车身漆面氧化护理技能考核评分表　　考核教师签字：＿＿＿＿＿＿

序号	项目	配分	技术说明	得分
1	手工过胶泥全车研磨	10	参与实践并完成所有项目操作	
2	机器过胶泥全车研磨	10	参与实践并完成所有项目操作	
3	全车打蜡	10	参与实践并完成所有项目操作	
4	全车缝隙残蜡去除处理	10	参与实践并完成所有项目操作	
5	全车电镀件、塑料件上光	5	参与实践并完成所有项目操作	
6	轮胎上光	5	参与实践并完成所有项目操作	

指导教师签名：　　　　　　　　　　　　　　　　总分：

四、单元一学习成绩统计

单元一的教学任务全部完成后，对本单元中的各个理论学习领域、技能训练成绩等进行单元学习成绩统计，见表 3-2。

表 3-2　　　　　　　　　　单元一学习成绩统计表　　　　　考核教师签字：＿＿＿＿＿＿＿＿

序号	考核内容	配分	评分标准	考核记录	扣分	得分
1	车身漆面氧化护理理论知识	10	能完成所有题目，错漏一题扣 2 分			
2	车身漆面氧化护理技能实践	40	参与实践并完成所有项目			
3	车身漆面氧化护理技能考核	50	能正确完成所有项目			
	合计	100				

单元二　车身漆面还原修复护理

一、车身漆面还原修复护理理论知识题（共 10 分）

1. 汽车漆面还原修复护理是在车身漆面氧化护理后，进行车身漆面划痕氧化层深层去除处理、＿＿＿＿＿＿＿＿去除处理、漆面还原新车本色处理、＿＿＿＿＿＿＿＿处理、＿＿＿＿＿＿＿＿等，使全车漆面产生新的漆膜，恢复亮丽。

2. 抛光盘分粗盘，一般为＿＿＿＿＿＿＿＿，中细盘，一般为＿＿＿＿＿＿＿＿和抛光盘，一般为＿＿＿＿＿＿＿＿。

3. 漆面抛光处理要根据划痕的深浅、漆面的情况选用不同＿＿＿＿＿＿＿＿的抛光研磨盘。较粗的研磨盘能轻易地把＿＿＿＿＿＿＿＿的划痕变成细小划痕；细的研磨盘能把＿＿＿＿＿＿＿＿的划痕修复。选错了研磨盘就不可能做出＿＿＿＿＿＿＿＿，甚至会起到相反的作用。

4. 使用黄色盘时，抛光机的转速不易过高，因为黄色盘和 P-15 是＿＿＿＿＿＿＿＿、有颗粒的，转速过高，容易＿＿＿＿＿＿＿＿车漆。

5. 在抛光过程有可能会遇到一些较深的划痕，我们用＿＿＿＿＿＿＿＿的研磨盘加上＿＿＿＿＿＿＿＿的研磨剂也无法修复的时候，可以通过使用研磨砂纸来进行＿＿＿＿＿＿＿＿的修复。研磨砂纸一般只能使用＿＿＿＿＿＿＿＿密度的美容专业砂纸。

二、车身漆面还原修复护理操作实践题（共 40 分）

1. 车身漆面还原修复护理前期准备工作操作规程

全车贴美纹纸的操作如图 3-13 所示，用以保护塑料、大灯、电镀件等，用大毛巾遮挡前挡玻璃。（凡是与漆面连接的地方都需要封边）防止在下面的工序中对这些部位的车漆造成损伤。

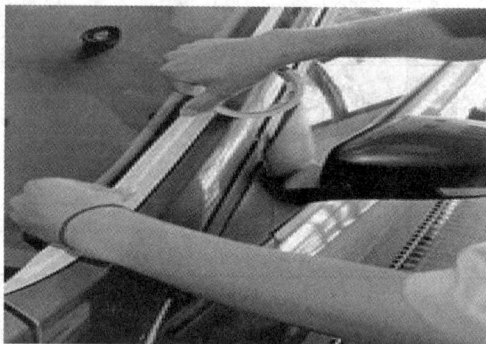

图 3-13　全车贴美纹纸和保护塑料

2. 漆面划痕氧化层深层去除处理操作规程

使用抛光机配黄色抛光盘（粗盘）配合修复剂，如 PRO 划痕修复剂 P-15 或美英等。漆面划痕氧化层深层去除操作如图 3-14 所示。这一步是针对漆面多有的划痕、氧化物等损伤的。经过均匀研磨，以便下一步继续修复。

使用黄色抛光盘（粗盘），一般这一步抛光机的转速不宜过大，如果转速过大，黄色抛光盘（粗盘）和 PRO 划痕修复剂 P-15（粗颗粒）容易抛穿车漆。用黄色盘抛完后，达到整个漆面划痕粗细均匀。

图 3-14　抛光机配黄色抛光盘做粗切研磨　　　图 3-15　抛光机配绿色抛光盘做中细切研磨

3. 漆面旋纹去除处理操作规程

黄色抛光盘抛完后，达到整个漆面划痕粗细均匀，就可以使用抛光机配绿色或蓝色抛光盘（中细盘）配合划痕抛光剂，如 PRO 划痕抛光剂 P-11、美英等进行修复，如图 3-15 所示。

使用绿色或蓝色抛光盘（中细盘）研磨时，一般抛光机转速在 1500 转左右。

4. 漆面还原新车本色处理操作规程

绿色或蓝色抛光盘（中细盘）抛光完成后，就可以使用抛光机配白色抛光盘（细盘）配合增艳保护釉，如 PRO 增艳保护釉 P-31、美英等进行漆面还原新车本色处理，如图 3-16 所示。

白色抛光盘（细盘）抛光操作和漆面旋纹去除的步骤相同，唯一不同的是抛光机转速在 800～1000 最佳，越慢越好。

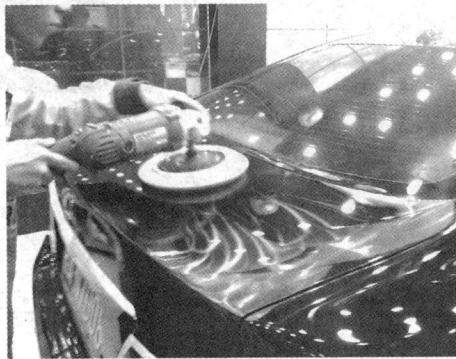

图 3-16　抛光机配白色抛光盘做细切抛光　　　　图 3-17　抛光机配白色抛光盘收蜡

5. 全车漆面清洁遗留物操作规程

使用抛光机配白色抛光盘（粗盘）配合去残蜡剂，如 PRO 划痕修复剂 P-15 或美英等进行全车漆面塑料件清洁遗留物，如图 3-17 所示。

去残蜡是使用白盘加上水，用抛光的方式进行去蜡，专业术语叫收蜡。

收蜡时抛光机移动要匀速、统一方向研磨，如不按操作要求去收蜡，是无法把蜡收干净的。

6. 漆面镜面处理操作规程

其实收蜡结束之后漆面已经出现镜面效果了，不过这时的漆面也是没有一点保护的，最容易被破坏，所以需要打一层蜡上去，保持镜面的持久性，如图 3-18 所示。如 PRO 樱桃蜡 P-36，含巴西棕榈和天然油脂，具有超级的光泽效果，独特的阳离子成分使其具有超强的防水、抗静电的功能，保持时间可达 6 个月。

用涂有蜡的海绵在车身上进行车蜡涂抹。直线往复涂抹，路线如图 3-19 所示。不可把蜡液倒在车上乱涂或做圆圈式涂抹，防止由于涂层不均造成强烈的环状漫射。一次作业要连续完成，不可涂涂停停。天气炎热时，可以分块打蜡。

7. 全车漆面塑料件清洁遗留物操作规程

使用专用清洁毛巾对车身个部位进行漆面塑料件清洁遗留物，如图 3-20 所示。

图 3-19　打蜡时的运动路线示意图

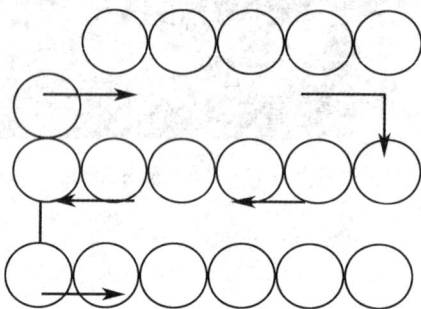

图 3-18　漆面镜面处理操作

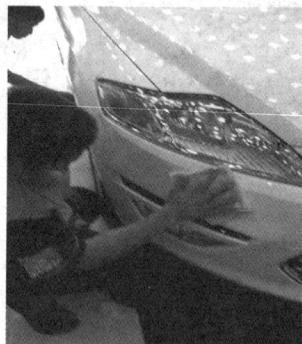

图 3-20　全车漆面塑料件清洁遗留物操作

8. 全车漆面全面检查，清理，交车。

用手电筒照射车身漆面，仔细查看车漆有无明显的划痕、炫纹、网纹等，如图 3-21 所示。

9. 收拾工具，打扫现场卫生，如图 3-22 所示。

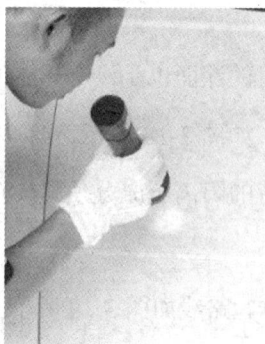

图 3-21　全车漆面全面检查操作

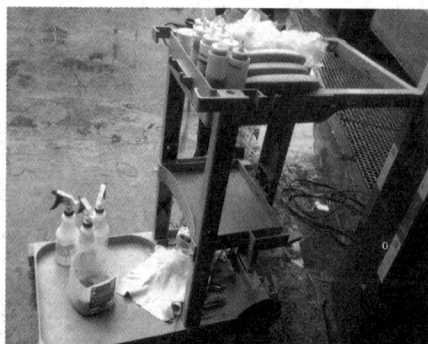

图 3-22　收拾工具

三、车身漆面还原修复护理技能考核（共 50 分）

车身漆面还原修复护理技能考核主要有漆面划痕氧化层深层去除处理、漆面旋纹去除处理、漆面还原新车本色处理、全车漆面清洁遗留物、漆面镜面处理、全车漆面塑料件清洁遗留物等，见表 3-3。

表 3-3　　　　　　　　车身漆面还原修复护理技能考核评分表　　考核教师签字：_____

序号	项目	配分	技术说明	得分
1	漆面划痕氧化层深层去除处理	10	参与实践并完成所有项目操作	
2	漆面旋纹去除处理	10	参与实践并完成所有项目操作	
3	漆面还原新车本色处理	10	参与实践并完成所有项目操作	
4	全车漆面清洁遗留物	5	参与实践并完成所有项目操作	
5	漆面镜面处理	10	参与实践并完成所有项目操作	
6	全车漆面塑料件清洁遗留物	5	参与实践并完成所有项目操作	

指导教师签名：　　　　　　　　　　　　　　总分：

四、单元二学习成绩统计

单元二的教学任务全部完成后，对本单元中的各个理论学习领域、技能训练成绩等进行单元学习成绩统计，见表 3-4。

表 3-4　　　　　　　　　单元二学习成绩统计表　　　　考核教师签字：_____

序号	考核内容	配分	评分标准	考核记录	扣分	得分
1	车身漆面还原修复护理理论知识	10	能完成所有题目，错漏一题扣 2 分			
2	车身漆面还原修复护理技能实践	40	参与实践并完成所有项目			
3	车身漆面还原修复护理技能考核	50	能正确完成所有项目			
	合计	100				

单元三 漆面封釉、增光、增亮硬化漆护理

一、车身漆面封釉、增光、增亮硬化漆护理理论知识题（共 10 分）

1. 车身漆面封釉的釉是高分子聚合物和特殊溶剂组成的车漆_____，能渗入车漆的毛细孔，和车漆中的分子融合成一层持久的如同陶瓷釉层的_____，能阻隔_____对烤漆的伤害，又可以保护汽车漆面不受沙尘、盐分、空气中工业污染物、酸雨、清洗剂、鸟粪等有害物的侵蚀。使车漆呈现完美的晶亮光泽。

2. 新车进行封釉美容可以延长漆面的_____，减缓褪色；旧车封釉护理可使氧化褪色的车漆_____，有翻新的效果。

3. 车身漆面封釉、增光、增亮硬化漆护理可以说是汽车美容漆面一个比较高端、_____偏高的一个美容项目。不是说它技术含量有多高，而是使用的产品都是科技_____的。

4. 封釉、增光、增亮硬化漆护理项目主要的技术点是漆面_____，它决定了封釉、增光、增亮硬化漆护理的质量。

5. 对于新车车身漆面封釉、增光、增亮硬化漆护理，首先做全车清洗，_____，吹干车表残余水分，对车身进行遮蔽后，再实施封釉。

6. 对于旧车车身漆面封釉、增光、增亮硬化漆护理，首先做全车清洗，_____和需要_____，漆面研磨抛光清除车表脏点，氧化膜、圈纹、细小划痕等瑕疵，对车身进行遮蔽后，再实施封釉。

7. 车身漆面镀晶是在全车还原修复并脱脂后，使用_____涂抹在车漆表面，使其在车漆上自然形成一层铠甲般的_____，阻隔车漆与空气接触，能最有效地保护车漆，提高车漆的硬度，最高硬度能到_____（玻璃的硬度），提高车漆抗划的能力。

二、车身漆面封釉、增光、增亮硬化漆护理操作实践题（共 40 分）

车身漆面封釉、增光、增亮硬化漆护理根据车辆的新旧程度不同，分别有严格的施工程序。

对于新车车身漆面封釉、增光、增亮硬化漆护理，首先做全车清洗，漆面深度清洁，吹干车表残余水分，对车身进行遮蔽。最后实施车身漆面封釉。

对于旧车车身漆面封釉、增光、增亮硬化漆护理，首先做全车清洗，漆面深度清洁和需

要进行的前处理，漆面研磨抛光清除车表脏点，氧化膜、圈纹、细小划痕等瑕疵，吹干车表残余水分，对车身进行遮蔽。最后实施车身漆面封釉。

（一）封釉机的操作规范

1. 配置封釉盘

封釉机使用前须根据封釉剂产品要求来配置合适的干净的抛光盘。如波纹抛光盘，耐磨型高效封釉海绵盘，配合专业封釉机，将盘对称安装于封釉机上如图 3-23 所示。

2. 封釉机转速调整

使用封釉机进行封釉处理时，须根据封釉剂产品使用说明要求调整封釉机合适的转速，如图 3-24 所示。

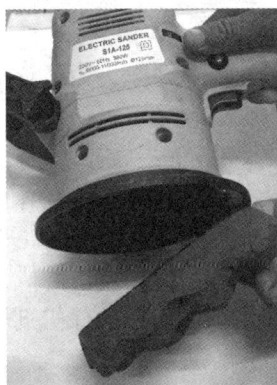

图 3-23　配置干净的封釉盘的操作

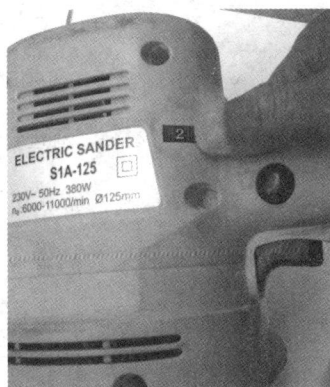

图 3-24　通过封釉机上的调速开关来选择转速

3. 封釉机启动和停止

将适量研磨剂均匀地涂在打蜡抛光盘表面。右手抓住封釉机后把手，左手抓住封釉机前把手，把封釉机电缆与车身隔离，将封釉机平放在车体上，封釉盘应与车体贴合。在车表面启动或停止封釉机如图 3-25 所示。

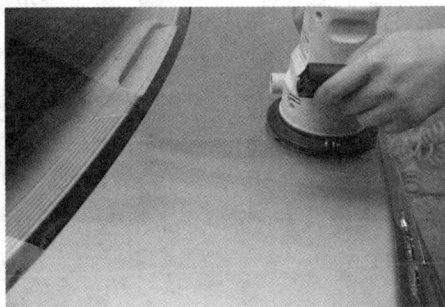

图 3-25　在车表面启动或停止封釉机的操作

4. 用封釉机操作

双手握紧封釉机手柄，打开电源开关，封釉盘旋转，左手向下稍稍施力，前后左右移动封釉机进行封釉作业如图 3-26 所示。可以用封釉机的封釉盘轮边上部分对车身狭小处进行封釉。

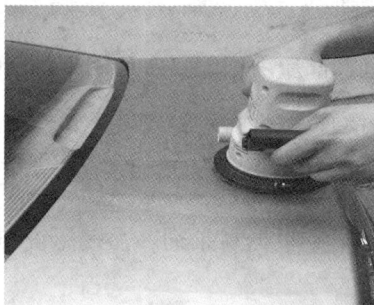

图 3-26　封釉机封釉的操作

5. 抛光完毕，关闭电源开关，将封釉机向上抬起离开车身。

（二）车身漆面封釉、增光、增亮硬化漆护理操作规程

1. 用海绵将适量的封釉剂，如 PRO 高聚合物二代密封剂 P-39-Q 均匀地涂在所需封釉的车身油漆面上，如图 3-27 所示。静置 30min 后，釉质材料渗透到车漆表面层内。

2. 使用封釉机配置合适干净的海绵封釉盘，通过封釉机的振抛将釉的保护剂压入车漆内部，形成网状的牢固保护层，如图 3-28 和图 3-29 所示。

> **注意**　根据封釉剂产品的要求，选择封釉机的转速，正确启动和停止封釉机，进行正确的封釉操作和封釉操作技巧，封釉操作的手法与机器打蜡一样。使用振抛机涂釉，注意力度和均匀性。

图 3-27　将封釉剂涂在车身油漆面上

图 3-28　启动和停止封釉机

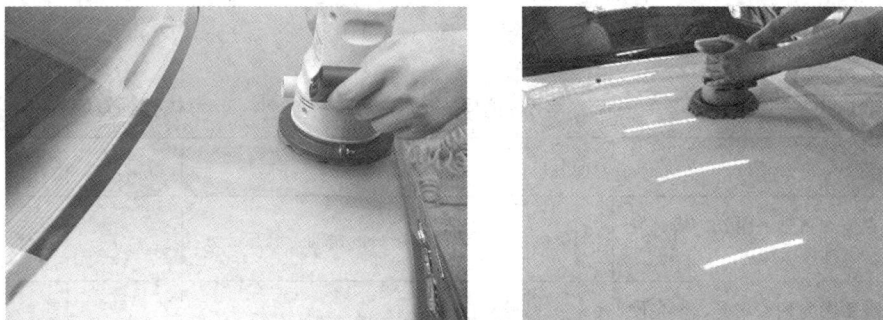

图 3-29　使用封釉机封釉的操作

3. 全车封釉完成 15min 后，使用专用毛巾进行全车擦拭，如图 3-30 所示。

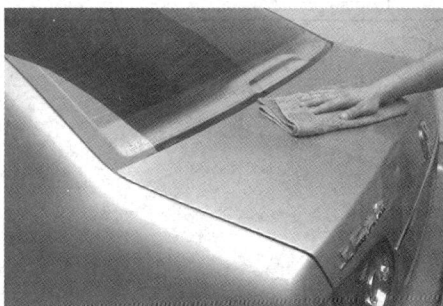

图 3-30　用干净毛巾将釉层擦干净操作

三、车身漆面封釉、增光、增亮硬化漆护理技能考核（共 40 分）

车身漆面封釉、增光、增亮硬化漆护理技能考核主要有封釉机的操作、车身漆面封釉、增光、增亮硬化漆护理等，见表 3-5。

表 3-5　　车身漆面封釉、增光、增亮硬化漆护理技能考核评分表　　考核教师签字：_____

序号	项目	配分	技术说明	得分
1	封釉机的操作	20	参与实践并完成所有项目操作	
2	车身漆面封釉、增光、增亮硬化漆护理	20	参与实践并完成所有项目操作	

指导教师签名：　　　　　　　　　　　　　　　　总分：

四、单元三学习成绩统计

单元三的教学任务全部完成后，对本单元中的各个理论学习领域、技能训练成绩等进行单元学习成绩统计，见表3-6。

表3-6　　　　　　　　　　单元三学习成绩统计表　　　　考核教师签字：_____

序号	考核内容	配分	评分标准	考核记录	扣分	得分
1	车身漆面封釉、增光、增亮硬化漆护理理论知识	10	能完成所有题目，错漏一题扣2分			
2	车身漆面封釉、增光、增亮硬化漆护理技能实践	40	参与实践并完成所有项目			
3	车身漆面封釉、增光、增亮硬化漆护理技能考核	50	能正确完成所有项目			
	合计	100				

一、发动机清洗护理理论知识题（共 10 分）

1. 发动机是汽车最核心的部位，如果发动机外部的尘土、积炭和胶质等有害物质长期存在会转化成_____，渗透到发动机外表，不仅是形成金属部件_____、塑料部件老化_____，还会带来发动机功率的_____和油耗的增加，乃至因各种氧化的发生而损坏发动机。

2. 发动机作为汽车的心脏，除了需要维修及传统保养外，还需对发动机外部进行_____。

3. 发动机清洗护理项目有发动机_____，发动机外表_____，发动机上盖及边缘除污处理，发动机表层除泥沙、油污、氧化物处理，发动机外部、水箱、驾驶室前壁、水管等_____，低压清水去除发动机药剂残留物，发动机机舱上光、防老化处理。

4. 发动机清洁护理之所以是汽车美容行业的_____的项目，原因就是清洁的过程需要用到水和清洁产品等，容易使发动机里的计算机主板、线路、电机等的电子元件_____。所以在不熟悉发动机构造的情况下，进行发动机清洁护理需维修部门的技术人员全程跟进。

5. PRO 专业无腐蚀发动机清洗剂 C-55，具有无腐蚀性，在清洗发动机的同时不会对发动机的各敏感部位_____。可快速去除发动机外部的油污、_____、尘垢，不易燃，并可生物分解。

二、发动机清洗护理操作实践题（共 40 分）

（一）发动机表面除尘操作规程

打开发动机舱盖板，使用吹尘枪把发动机表面灰尘吹掉，如图 4-1 所示。然后，把发动机里面的计算机主板、线路突出处用塑料袋子包裹，再用毛巾在发动机外部再包裹一层避免进水，如图 4-2 所示。

图 4-1 使用吹尘枪把发动机表面灰尘吹掉

图 4-2 用毛巾在发动机外部再包裹一层避免进水

（二）发动机表面清洗操作规程

使用发动机清洗剂或发动机清洗液将发动机外表全部喷洒一遍见，如图 4-3 所示。如 PRO 专业无腐蚀发动机清洗剂 C-55，在清洗发动机的同时不会对发动机的各敏感部位产生破坏，可快速去除发动机外部的油污、油垢、尘垢，不易燃，并可生物分解。清洁完成，擦干净清洗用品残液，等待发动机自然风干。

图 4-3 发动机表面清洗操作

如果发动机外部的泥巴、尘土等杂物太多，就再使用发动机清洗剂或发动机清洗液将发动机外表全部喷洒一遍，静待 5 分钟后，再拿高压水枪冲洗一遍（在冲洗时必须注意避免对着空调进气口、火花塞、起动电机、电瓶接口等直接冲洗）。

注意 发动机清洁护理之所以是汽车美容行业的最高危的项目，原因就是清洁的过程需要用到水、清洁产品等，容易使发动机里的计算机主板、线路、电机等的电子元件损坏。所以在不熟悉发动机构造的情况下进行发动机清洁护理需维修部门的技术人员全程跟进。

（三）发动机外部、水箱、驾驶室前壁、水管等深层清洁操作规程

（1）使用发动机清洗剂或发动机清洗液将发动机外表全部喷洒一遍，如图 4-3 所示。如 PRO 专业无腐蚀发动机清洗剂 C-55，在清洗发动机的同时不会对发动机的各敏感部位产生破坏，可快速去除发动机外部的油污、油垢、尘垢，不易燃，并可生物分解。

（2）使用专用长毛刷、大小毛刷进行发动机外部、水箱、驾驶室前壁、水管等深层清洗，如图 4-4 所示。

（3）清洁完成，擦干净清洗用品残液，等待发动机自然风干。

图 4-4　发动机外部、水箱、驾驶室前壁、水管等深层清洁操作

（四）发动机机舱上光、防老化处理操作规程

使用 PRO 环保型上光保护剂 S-92、表板蜡等和毛巾、上光枪等工具进行发动机机舱上光、防老化处理，如图 4-5 所示。

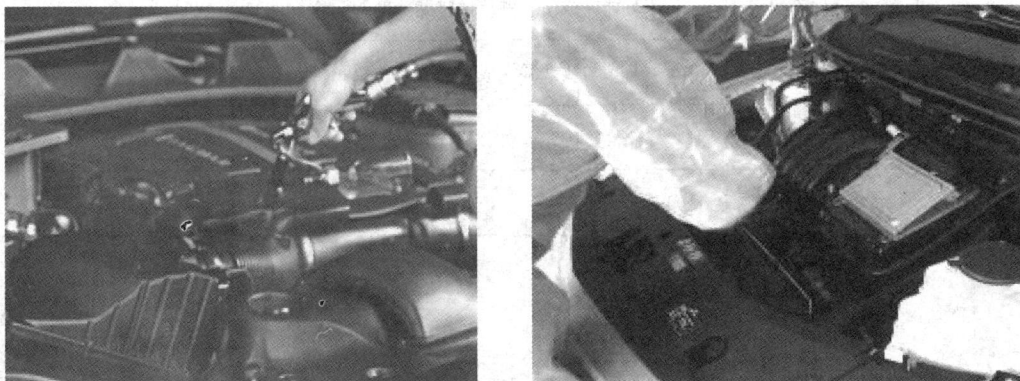

图 4-5　发动机机舱上光、防老化处理操作

三、发动机清洗护理技能考核（共 50 分）

发动机清洗护理技能考核项目主要有发动机表面除尘，发动机表面清洗，发动机外部、水箱、驾驶室前壁、水管等深层清洁，发动机机舱上光、防老化处理等，见表 4-1。

表 4-1　　　　　　　　　发动机清洗护理技能考核评分表　　　　　考核教师签字：＿＿＿＿＿＿

序号	项目	配分	技术说明	得分
1	发动机表面除尘	15	参与实践并完成所有项目操作	
2	发动机表面清洗护理	15	参与实践并完成所有项目操作	
3	发动机外部、水箱、驾驶室前壁、水管等深层清洁	10	参与实践并完成所有项目操作	
4	发动机机舱上光、防老化处理	10	参与实践并完成所有项目操作	

指导教师签名：　　　　　　　　　　　　　　　　总分：

四、项目四学习成绩统计

项目四的教学任务全部完成后，对本项目中的各个理论学习领域、技能训练成绩等进行项目学习成绩统计，见表 4-2。

表 4-2　　　　　　　　　项目四学习成绩统计表　　　　　　考核教师签字：＿＿＿＿＿＿

序号	考核内容	配分	评分标准	考核记录	扣分	得分
1	发动机清洗护理理论知识	10	能完成所有题目，错漏一题扣 2 分			
2	发动机清洗护理技能实践	40	参与实践并完成所有项目			
3	发动机清洗护理技能考核	50	能正确完成所有项目			
	合计	100				

单元一 贴防爆膜

一、汽车车窗贴防爆膜理论知识题（共 10 分）

1. 汽车车窗所贴的防爆膜由＿＿＿＿＿＿＿、胶、内衬构成。聚酯基片的特点是耐久、＿＿＿＿＿＿、柔软、＿＿＿＿＿＿，并能吸收少量的湿气，能同时耐高温和低温。

2. 汽车车窗所贴的防爆膜的作用，＿＿＿＿＿＿、降低车饰龟裂和褪色、＿＿＿＿＿＿、高舒适度并节能、＿＿＿＿＿＿。

3. 磁控溅射膜是采用磁控溅射工艺生产的，并且具有＿＿＿＿＿＿，也就是只允许某些波长的光线透过。

4. 贴膜对环境的要求是贴膜要在室内进行和贴膜过程必须有一个＿＿＿＿＿＿的工作区，无尘土和污垢。污垢必须全过程＿＿＿＿＿＿。

5. 美国 Johnson（强生）汽车贴膜施工流程：产品选择、车辆清洗、检查、＿＿＿＿＿＿、内外保护，清洗玻璃外侧、＿＿＿＿＿＿，修边、清洗玻璃内侧、＿＿＿＿＿＿、检查，整理和竣工验收。

二、汽车车窗贴防爆膜操作实践题（共 40 分）

（一）开料（裁膜）操作规程

（1）用直尺测量需贴膜玻璃的尺寸，其中包括长度和宽度，如图 5-1 所示。测量尺寸过程中应该按照与玻璃外侧对齐的情况来取值，同时要注意尺子应该保证与玻璃的弯曲弧度一致，避免最终裁剪的防爆膜尺寸不够的情况出现。

（2）从膜卷上按照已经测量好的风挡玻璃的尺寸进行裁剪，如图 5-2 所示。

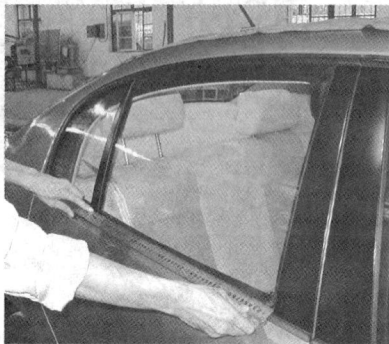

图 5-1　测量前后风挡玻璃的尺寸

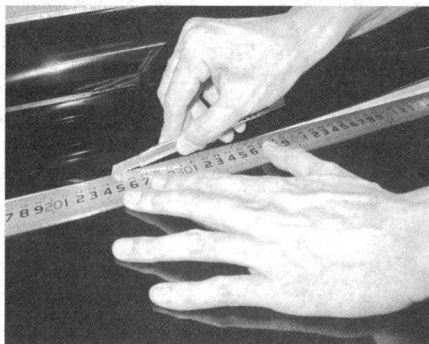

图 5-2　防爆膜裁剪操作

（3）先裁前挡膜，前挡玻璃高度在 76cm 以上建议横裁，用干烤法定型；在 77cm 以下建议直裁，这样比较省料。

（4）再裁后挡，一般直裁。

（5）最后裁侧窗，侧门窗顶部的裁膜尺寸要大于原车窗玻璃边缘尺寸 5cm，左右两边要大于原车玻璃边缘尺寸 0.25cm。在上膜时底部预留 1～1.5cm 的余量。裁侧窗不分方向。

（二）清洗玻璃外侧操作规程

（1）将长条形大毛巾铺设在车门上，避免施工中损伤车身漆面，方便摆放工具，如图 5-3 所示。

（2）车门内侧贴上保护膜，在座椅上套上胶袋护套。

（3）用至少 2cm 宽的美纹纸贴住门窗密封槽边上的内毡毛。

（4）清洗玻璃外侧，如图 5-4 所示。

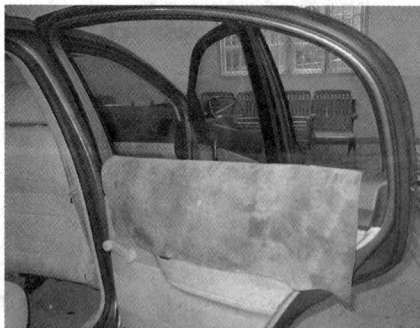

图 5-3　大毛巾铺设保护内饰

图 5-4　清洗玻璃外侧操作

（三）定型、修边操作规程

1. 侧窗

除个别车款，侧窗防爆膜基本上不需要加热预定型，可直接覆在外侧玻璃上，如图 5-5 所示，做压刮定型（见图 5-6）。利用原玻璃顶部边缘作实际尺寸裁切防爆膜，准确修边，将膜要贴合玻璃底部的尺寸加 1cm，然后往下移动防爆膜，使最上部膜边与玻璃顶部边缘留空 0.2～0.3cm。

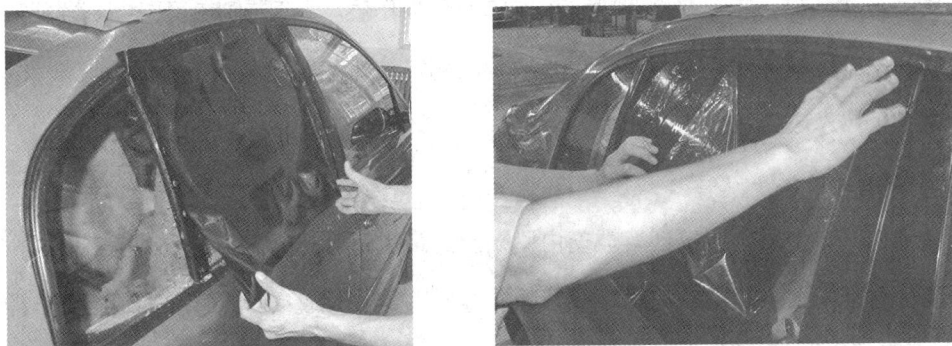

图 5-5　防爆膜直接覆在侧窗外侧玻璃上做定型，修边

有保护膜的一面向外铺在玻璃上。

2. 前后挡

利用前（后）挡风玻璃的外侧曲面为模型进行预定型，将覆盖有保护膜的一面向外铺在玻璃上，在离原车玻璃网点外边缘 2cm 处用剪刀剪去多余的边膜。

3. 用烤枪加热膜使之定型

防爆膜的形状与挡风玻璃的弧度基本上已经吻合了，但是为了进一步提高防爆膜的伏贴性，还需要对防爆膜进行伏贴性整形。

目前烤膜的基本方法有两种：湿烤和干烤。

湿烤方法是常用的烤膜方法。在玻璃上喷上贴膜溶液，将玻璃贴膜覆盖到球面玻璃上。用烤枪对多余的膜或指状凸起收缩的伏贴性整形，如图 5-7 所示。

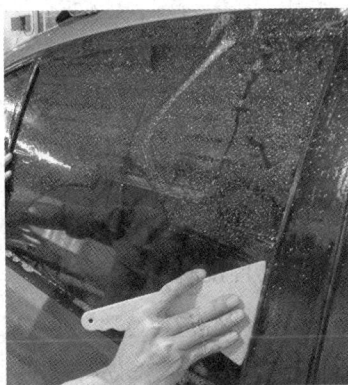

图 5-6　在侧窗外侧玻璃上做压刮定型　　图 5-7　用烤枪加热膜使之定型

干烤方法是在球面玻璃上贴膜的最新方法。在贴膜行业，通常被认为是最高级的贴膜方法，适合现代球面汽车玻璃。干烤是将婴儿粉撒在膜和玻璃之间代替贴膜溶液。避免了湿烤时水形成的指状凸起。膜浮在婴儿粉上以防膜的防划伤层粘贴到玻璃表面上。这将允许贴膜人员在膜的整个区域加热成型而不仅仅是指状凸起。这将在宽度甚至整个区域分散收缩的影响，同时对于膜及胶施加更小的压力。

4. 裁切

膜经过加热定型后，应按挡风玻璃内侧贴膜的最大尺寸进行精确裁切进行精确裁切时，需要透光灯对准防爆膜切割的边缘，在选择防爆膜的切割位置时，应该保证切割后的防爆膜与窗框之间存在 3mm 的间隙。具体操作时可以沿着玻璃外侧的第二圈黑点进行切割，如图 5-8 所示。这样既可以保证留有足够的间隙，同时还可以增加美观性。留出间隙的目的是便于挤出防爆膜与玻璃之间的安装液，减少防爆膜边缘出现尘点的现象，减少防爆膜边缘出现腐蚀、损坏的可能性。

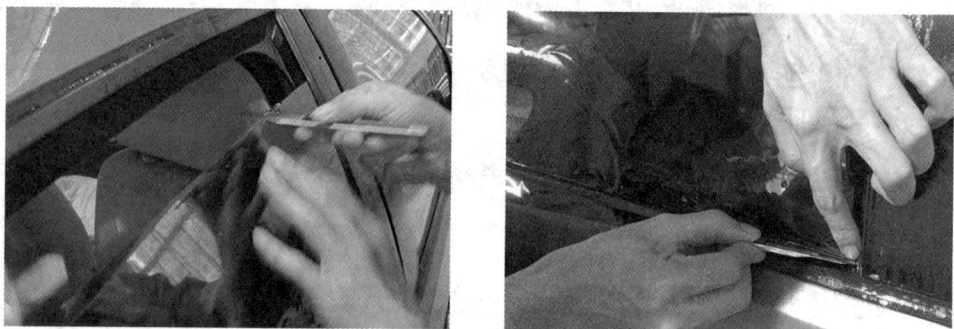

图 5-8　贴膜的最大尺寸进行精确裁切

遇到挡风玻璃内侧面贴附有内后视镜之类的固定物时，还要开出对应孔位和接缝，便于贴膜时不用拆卸该固定物。接缝在孔位最大处沿居中位置到膜边以直线裁切。

将修好边的膜小心地卷成筒状取下，用清水冲洗干净，移送到车厢内，注意保持清洁。

（四）清洗玻璃内侧操作规程

挡风玻璃的内侧面为真正的贴膜面，清洁一定要彻底，应按下列要求反复清洁。

（1）向车窗密封槽内喷洒适量的贴膜溶液，用直柄塑料刮板直接清理内槽。

注意 　刮板要包覆一层无纺布或擦蜡纸，不要来回擦拭，以免砂粒污垢粘附于擦蜡纸后又被带回槽内，每刮一次要变换擦蜡纸的清洁面。

图 5-9　玻璃上喷洒贴膜溶液

（2）在仪表台上铺垫一条干燥的大毛巾，防止清洁玻璃时水滴流入仪表板内。

（3）对车厢内部空间喷洒细微的水雾，使空气中的尘埃沉聚下来，减少座椅和地板扬尘。

（4）在玻璃上喷洒贴膜溶液，如图 5-9 所示，然后用手摸抹检查和剔除稍大的尘粒，对于粘附得较牢的污垢和撕下的贴物残胶可用钢片刮刀去除。

（5）用硬质的直柄塑料刮板自上而下，由中间向两边清除玻璃上的灰尘，每刮扫一次必须用干净的擦蜡纸去除刮板上的污物。整幅玻璃每刮扫一遍，就要用贴膜溶液喷洒一次，最后用刮板刮除积水，确认玻璃已十分光滑干净时才可转入贴膜工序。

（五）上膜操作规程

（1）先撕掉已预定型的膜上的保护膜，在其涂胶面喷洒贴膜溶液，再对整幅玻璃喷洒贴膜溶液，如图 5-10 所示，然后将膜粘贴在玻璃上，如图 5-11 和图 5-12 所示。

图 5-10　对整幅玻璃喷洒贴膜溶液

图 5-11　将膜粘贴在玻璃上

（2）一般上膜多数采用由上至下贴法，优点是能有效避免砂粒粘到膜上。由玻璃顶部开始撕开膜上端一部分，保护膜慢慢往下刮压，一边撕除保护膜一边向下移动刮压，至玻璃底部。将铁片薄板插入密封胶边缘将膜与玻璃隔开，先把膜的两个边角嵌入，移动铁板便能将膜与玻璃底部贴合到位。

（3）在膜的中间位置赶水，使用中号直柄塑料刮片挤刮水分，如图 5-13 所示，赶刮时一只手按扶住外侧玻璃，使内侧赶水时的力度分散均匀，同时避免玻璃受刮板压力而摆动，将撕下的保护膜覆盖在膜面上。刮板刮贴在保护膜上避免将膜面刮伤，赶水时刮板不能用太大力，动作应缓慢柔和，小心不要将膜损坏。

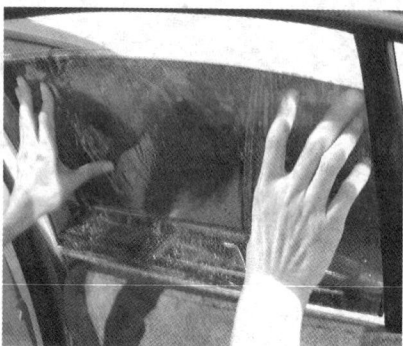

图 5-12　将膜粘贴在玻璃上

图 5-13　使用中号直柄塑料刮片挤刮水分

刮净贴膜溶液的最好技术是连续用力地交迭刮水，小心谨慎并连续地用力可以提高贴膜质量

（4）检查窗膜的所有边缘，并用包覆纸巾或棉布的直板硬刮挤封，以吸收挤出的水分。所有边缘必须挤封，以免在固化期间空气、水分、灰粒从边部渗入窗膜底下。

（5）遇到局部有不贴合的地方，可按预定型的方法，用电热吹风机加热，使膜与玻璃之间无任何气泡或皱纹。

（六）检查，整理操作规程

当安装工作完成后，仔细地擦洗所有窗玻璃（内表面和外表面），去除条纹水迹和污迹，给整个汽车光亮的外观。查看问题区域，将气泡、水泡或微小的地毯纤维沿某一边缘排除。专用硬质挤水片能排除大部分问题。把汽车擦净后驶到室外，进行最后的视觉检查。

三、汽车车窗贴防爆膜技能考核（共 50 分）

汽车车窗贴防爆膜技能考核项目主要有开料（裁膜）操作，定型、修边操作，清洗玻璃内侧操作，上膜操作和检查整理操作等，见表 5-1。

表 5-1　　　　　　　　汽车车窗贴防爆膜技能考核评分表　　　　考核教师签字：_____

序号	项目	配分	技术说明	得分
1	开料（裁膜）操作	15	参与实践并完成所有项目操作	
2	定型，修边操作	15	参与实践并完成所有项目操作	
3	清洗玻璃内侧操作	5	参与实践并完成所有项目操作	
4	上膜操作	10	参与实践并完成所有项目操作	
5	检查，整理操作	5	参与实践并完成所有项目操作	

指导教师签名：　　　　　　　　　　　　　　　　　　总分：

四、单元一学习成绩统计

单元一的教学任务全部完成后，对本单元中的各个理论学习领域、技能训练成绩等进行单元学习成绩统计，见表 5-2。

表 5-2　　　　　　　　单元一学习成绩统计表　　　　考核教师签字：_____

序号	考核内容	配分	评分标准	考核记录	扣分	得分
1	汽车车窗贴防爆膜理论知识	10	能完成所有题目，错漏一题扣 2 分			
2	汽车车窗贴防爆膜技能实践	40	参与实践并完成所有项目			
3	汽车车窗贴防爆膜技能考核	50	能正确完成所有项目			
	合计	100				

单元二　汽车底盘装甲

一、汽车底盘装甲理论知识题（共 10 分）

（一）汽车底盘装甲理论知识填空题（共 5 分）

1. 夏日里地表的烘烤、酸雨的侵袭、砂石路上飞石的撞击等造成底盘伤痕累累。底盘装甲就是在汽车底盘的汽车大梁、保险杠、发动机罩等_____表面，喷涂一层_____ mm 厚的弹性密封材料，犹如给车的底盘穿上一层_____。

2. 汽车做了底盘装甲后可以达到防护路面砂石对底盘的_____，防止轻微的拖底摩擦，预防酸、碱、盐对底盘铁板的_____、底盘_____、降低行驶时噪声的传导，增加驾驶宁静感，阻止底盘铁板_____，使驾驶室内冬暖夏凉、延长车辆的使用寿命。

3. 汽车底盘装甲工作流程是由汽车底盘需要底盘装甲的部件_____、_____和除油工序，拆卸和密封不需要装甲的零部件和车身油漆工序，喷涂_____工序和装回被拆卸的零部件、去除密封物和清洁等四个工序组成。

（二）汽车底盘装甲论述题（共 5 分）

简述汽车底盘装甲的作用。

二、汽车底盘装甲操作实践题（共 40 分）

1. 汽车底盘的清洗操作规程

使用高压水枪冲洗汽车底盘如图 5-14 和图 5-15 所示。

图 5-14 汽车底盘的清洗操作

图 5-15 汽车底盘的清洗操作

2. 汽车底盘的二次清洁、除锈和除油操作规程

使用发动机外表清洁剂和刷子专门用来清洁汽车底盘各部件，如图 5-16 和图 5-17 所示。然后，使用毛巾擦拭干净，如图 5-18 所示。

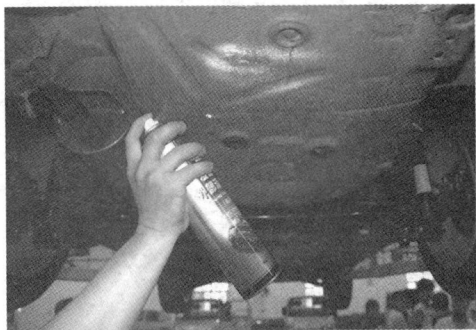

图 5-16　使用发动机外表清洁剂清洗底盘

图 5-17　使用刷子清洗底盘

图 5-18　使用毛巾擦拭底盘

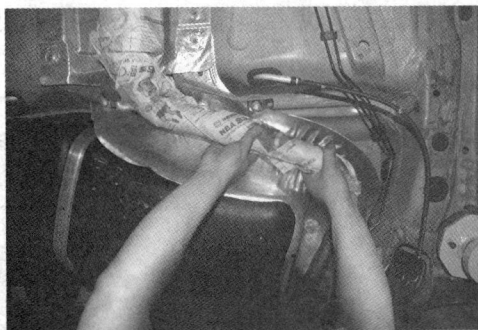

图 5-19　密封不需要装甲的零部件附件

3. 拆除或密封不需要装甲的零部件附件操作规程

喷涂底盘装甲材料前，将车轮拆卸并密封不需要装甲的零部件附件。

图 5-20　密封不需要装甲的零部件附件

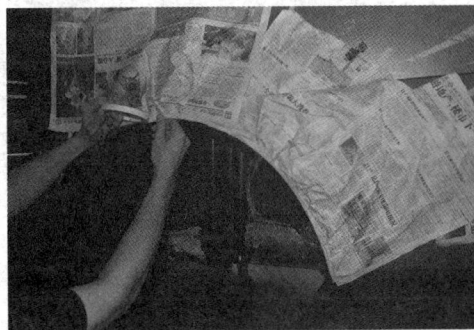

图 5-21　车轮拆卸和密封不需要装甲的零部件附件

4. 喷涂底盘装甲材料操作规程

使用喷枪在底盘各需要喷涂部件外部喷涂一层 2～4mm 厚的弹性密封材料，如图 5-22 和图 5-23 所示。

图 5-22　用喷枪喷涂底盘装甲材料

图 5-23　用喷枪喷涂底盘装甲材料

5. 装回被拆卸的零部件、去除密封物和清洁

喷涂底盘装甲材料完成后，如图 5-24 所示，装回被拆卸的零部件、去除密封物和清洁，如图 5-25 所示。

图 5-24　底盘装甲喷涂完成后的情况

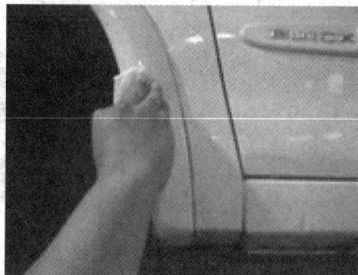

图 5-25　底盘装甲完成后的车身清洁

三、汽车底盘装甲技能考核（共 50 分）

汽车底盘装甲技能考核项目主要有汽车底盘的清洗、汽车底盘的二次清洁、除锈和除油、拆除或密封不需要装甲的零部件附件、喷涂底盘装甲材料等，见表 5-3。

表 5-3　　　　　　　　汽车底盘装甲技能考核评分表　　　　考核教师签字：_____

序号	项目	配分	技术说明	得分
1	汽车底盘的清洗操作	10	参与实践并完成所有项目操作	
2	汽车底盘的二次清洁、除锈和除油操作	10	参与实践并完成所有项目操作	
3	拆除或密封不需要装甲的零部件附件操作	10	参与实践并完成所有项目操作	
4	喷涂底盘装甲材料操作	20	参与实践并完成所有项目操作	

指导教师签名：　　　　　　　　　　　　　　　　总分：

四、单元二学习成绩统计

单元二的教学任务全部完成后，对本单元中的各个理论学习领域、技能训练成绩等进行单元学习成绩统计，见表5-4。

表5-4 单元二学习成绩统计表 考核教师签字：_____

序号	考核内容	配分	评分标准	考核记录	扣分	得分
1	汽车底盘装甲理论知识	10	能完成所有题目，错漏一题扣3分，正确完成简述题			
2	汽车底盘装甲技能实践	40	参与实践并完成所有项目			
3	汽车底盘装甲技能考核	50	能正确完成所有项目			
	合计	100				

单元三 安全防盗器安装

一、汽车安全防盗器安装理论知识题（共10分）

1. 汽车防盗器是一种安装在车上用来增加_____，延长_____，发送盗车报警等功能，以防止汽车被盗的装置。

2. 目前防盗器按其结构可分三大类：机械式、_____和网络式。

3. 机械式防盗器是采用金属材料制作的各种防盗锁具对汽车的行车操纵机构_____，如转向柱锁、_____、变速杆锁、踏板锁、_____等，通过这些防盗锁具锁住汽车的操纵部件或车轮，使窃贼无法将汽车开走。但机械式防盗器_____不报警。

4. 电子式防盗器是单向防盗器，它是通过电子设备控制汽车的_____、点火系等电路，当整个系统开启之后，如果有非法移动汽车、_____、油箱门、发动机盖、后备箱盖、接通_____防盗器立刻发出警报，同时切断启动电路、点火电路、喷油电路、供油电路，使汽车无法行驶。

5. 电子式防盗器具有防盗和_____功能。

6. 钥匙控制式防盗装置通过用_____将门锁（或点火锁）打开或锁止，同时将防盗系统设置或解除；遥控式防盗装置能够_____控制门锁打开或锁止，也就是_____控制汽车防盗系统的防盗或解除。

7. 网络式防盗器是双向防盗器。在网络区域内，入网的车辆与网络中心之间保持着联系，车辆若发生警情便能够得到现场救援，具有_____、_____。另外，这种防盗系统还具有阻断油、_____，熄火停车等防盗又防劫的功能。

8. 电子式防盗器的安装与调试由防盗器套件安装、防盗器_____安装和调试三大工序。

9. 电子式防盗器套件安装应根据防盗器套件产品_____和所安装防盗器车辆的具体情况来安装。

10. 写出如图 5-26 所示的汽车防盗器套件的名称。

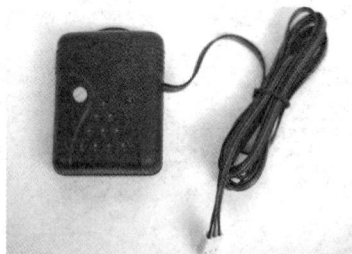

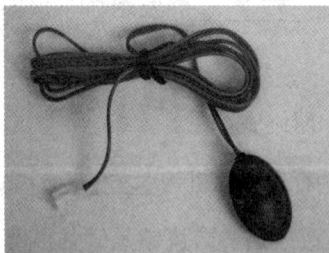

_____   _____   _____

_____   _____   _____

图 5-26　汽车防盗器套件的认识

11. 电子式防盗器套件电路安装应根据防盗器套件产品_____和所安装防盗器车辆的具体情况来安装。

12. 对电子式防盗器产品功能检查调试，如_____检查，传感器灵敏度调试，遥控器的_____检查和各功能件的检查等。

13. 铁将军 6885 型汽车防盗器遥控器设有设定键、_____、静音键、_____和尾箱专用按键。

14. 防盗器主机也称微电脑装置是防盗器的_____，接受各种信号和控制防盗系统。

15. 震动传感器安装在车身上感受车身_____，将震动信号传给防盗器主机。

16. 防盗器作为汽车上一个附加装置，防盗器购买后，需要与汽车_____后才能正常使用。防盗器的性能和功能主要由三个因素决定：防盗器产品质量、_____及正确使用。而防盗器的安装方法与防盗器质量同样重要，由于安装_____会造成防盗器部分功能失灵，使用中易出现故障。安装过程中_____还会引起原车电路损坏现象。

二、汽车安全防盗器安装操作实践题（共 40 分）

（一）防盗器套件安装操作规范

防盗器套件安装时，根据防盗器生产厂家的安装指南，将防盗器主机、防盗器传感器、LED 警示灯、语音喇叭等安装在车体上。

1. 防盗器主机安装

用螺钉将防盗器主机安装在仪表板下方的隐蔽处，如图 5-27 所示。

图 5-27　防盗器主机安装

图 5-28　防盗器震动传感器安装

2. 防盗器震动传感器安装

将防盗器震动传感器用螺栓紧固在仪表板下方的前围板上，如图 5-28 所示。注意防盗器震动传感器与前围板安装要牢固，能有效感受车身震动。

3. 防盗器 LED 警示灯安装

LED 警示灯应安装在车内仪表台表面。要求车外行人容易看得到，以达到警示的作用。

防盗器 LED 警示灯安装座设有安装粘胶。将安装粘胶保护膜撕掉，如图 5-29 所示，可以在仪表台上粘贴，如图 5-30 所示。

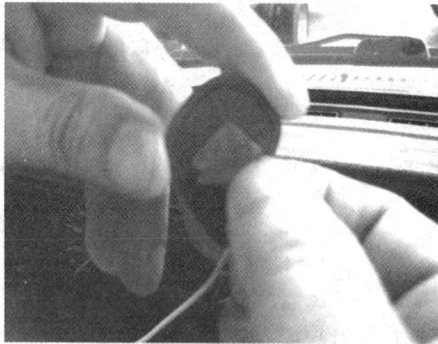

图 5-29　撕掉 LED 警示灯安装粘胶保护膜

图 5-30　将 LED 警示灯粘贴在仪表台上

4. 防盗器语音喇叭安装

防盗器语音喇叭安装在车内或发动机舱内，如图 5-31 所示，并用螺栓紧固。

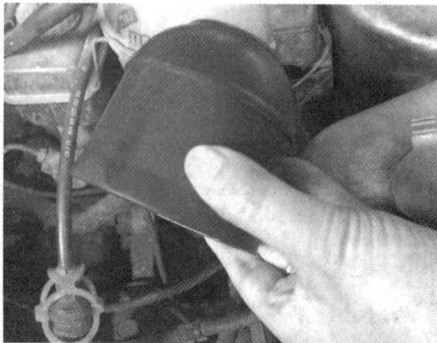

图 5-31　防盗器语音喇叭安装

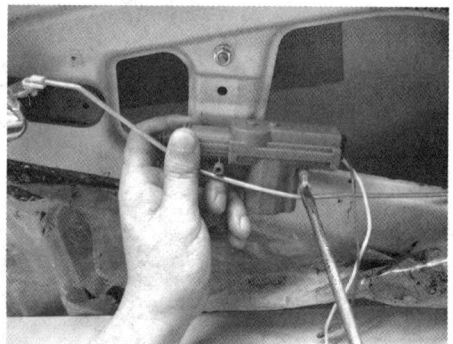

图 5-32　在车门锁处安装中控锁

5. 中控锁安装

中控锁要根据车门锁的结构形式来安装。不同的车型的车门锁结构形式是不同的。安装中控锁时，先了解车门锁结构，再进行安装。安装在车门锁处，如图 5-32 所示。

（二）防盗器电路安装操作规范

防盗器套件电路安装是把防盗器套件电路与汽车线路对接。防盗器套件安装电路如图 5-33 所示。根据防盗器安装电路图完成下列的线路安装连接。

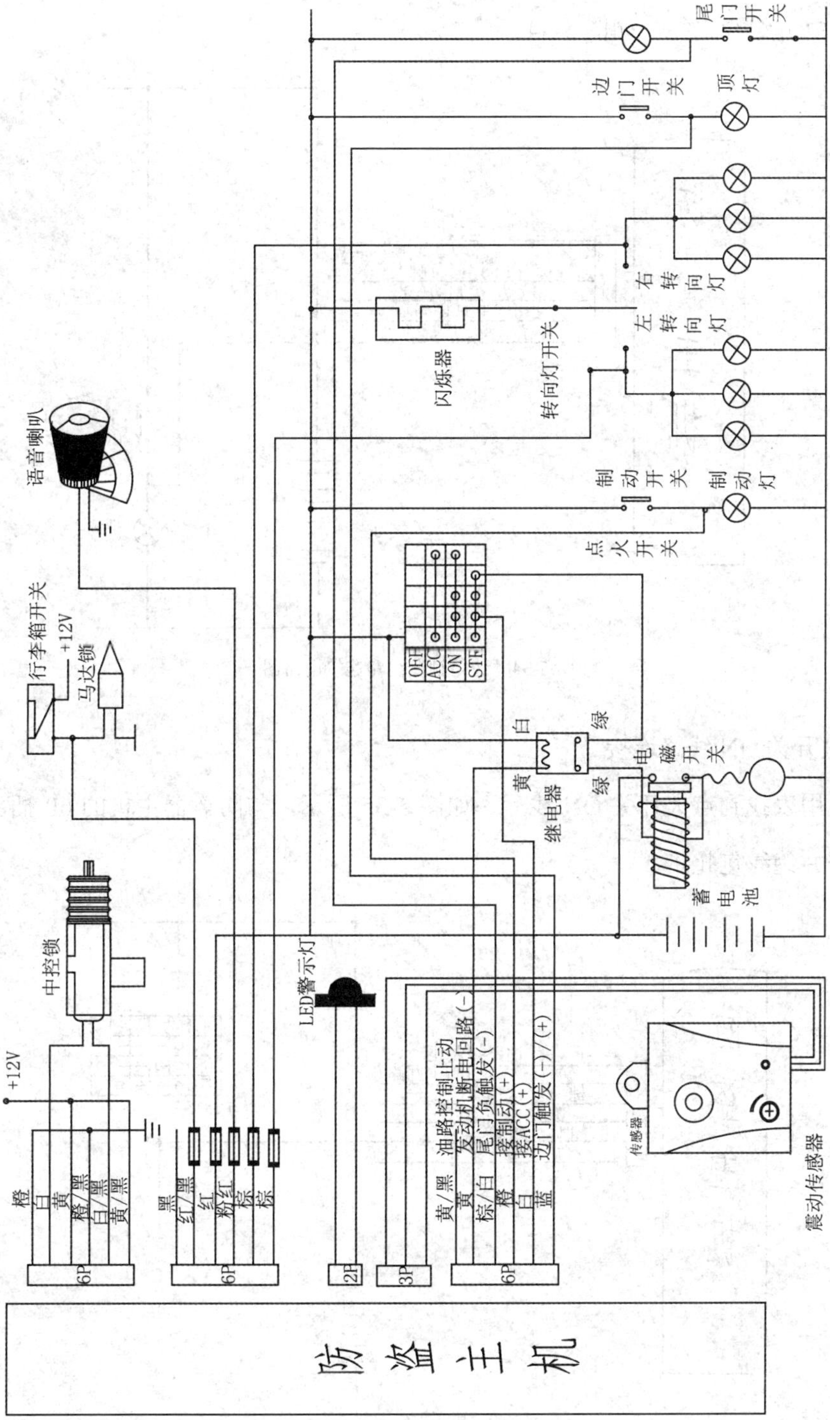

图 5-33　防盗器安装电路图

1. 边门触发线路连接

使用万用表找到边门的车顶灯开关线后，将防盗器主机的 6P 插头上蓝色的线与顶灯开关线牢固接好并绝缘包扎，如图 5-34 所示。

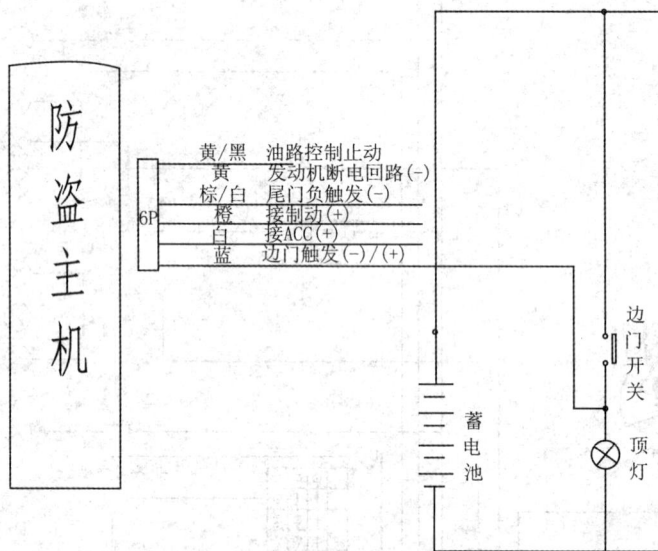

图 5-34　边门触发线路连接电路图

2. 点火开关 ON 线路连接

使用万用表找到点火开关 ON 线后，如图 5-35 所示，与防盗器主机的 6P 插头上白色的线牢固接好并绝缘包扎。

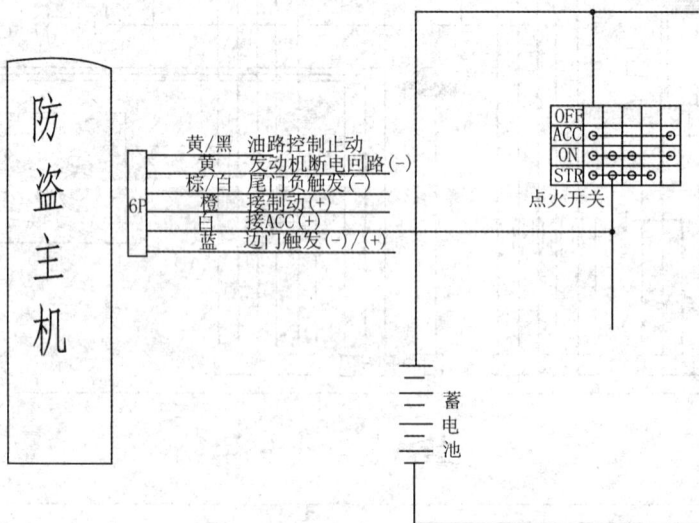

图 5-35　点火开关 ON 线路连接电路图

3. 制动线路连接

使用万用表找到制动灯开关线，如图 5-36 所示，与防盗器主机的 6P 插头上橙色的线牢固接好并绝缘包扎。

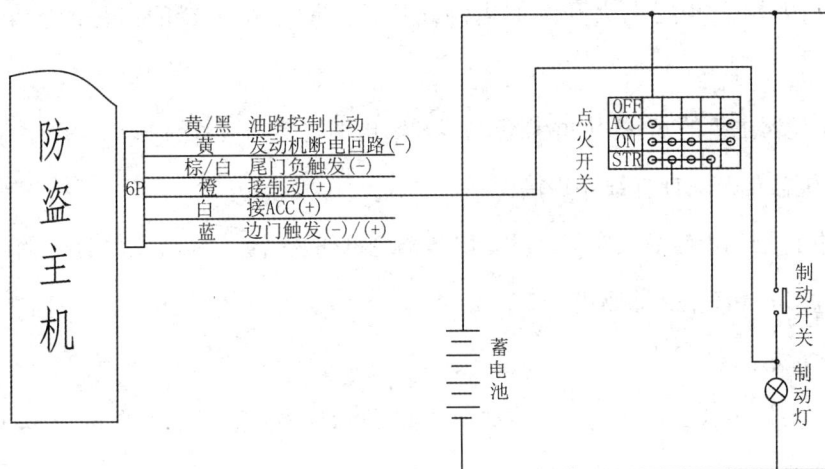

图 5-36　制动线路连接电路图

4. 发动机断电回落线路连接

（1）使用万用表找到点火开关的启动线如图 5-37 所示。

（2）用剪刀剪断启动线后，将断电继电器的两条绿色的线牢固接好并绝缘包扎。

（3）使用万用表找到点火开关的电源线后，与断电继电器的白色的线牢固接好并绝缘包扎。

（4）将防盗器主机的 6P 插头黄色的线和断电继电器的黄色的线牢固接好并绝缘包扎。

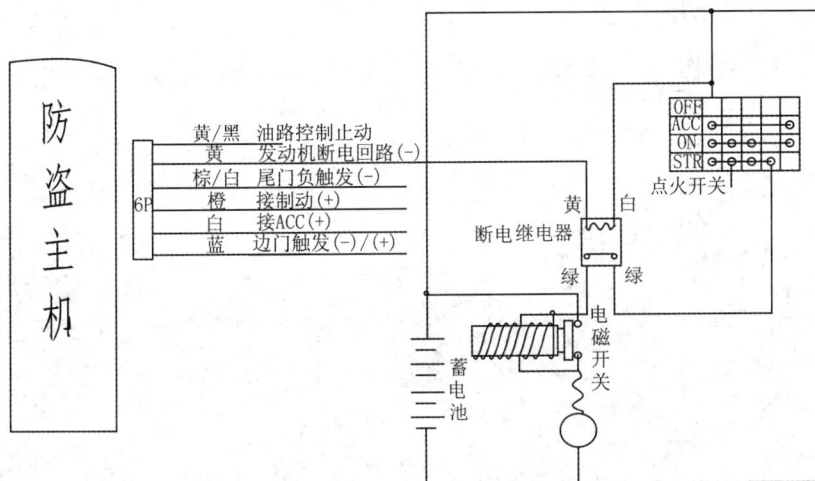

图 5-37　发动机断电回落线路连接电路图

5. 油路控制止动线路连接

（1）使用万用表找到喷油器的电源线。

（2）用剪刀剪断喷油器的电源线后，与断电继电器的两条绿色的线牢固接好并绝缘包扎。

（3）使用万用表找到点火开关的电源线后，与断电继电器的白色的线牢固接好并绝缘包扎。

（4）将防盗器主机的 6P 插头黄/黑色的线和断电继电器的黄色的线牢固接好并绝缘包扎。

6. 震动传感器、LED 灯线路连接

将震动传感器的电线插头牢靠地插入防盗器主机的 3P 插座内。将 LED 灯的电线插头牢靠地插入防盗器主机的 2P 插座内。

7. 转向灯线路连接

（1）使用万用表找到左转向灯线，如图 5-38 所示。将防盗器主机的 6P 插头的一条棕色的线与左转向灯线牢固接好并绝缘包扎。

（2）使用万用表找到右转向灯线，如图 5-38 所示。将防盗器主机的 6P 插头的另一条棕色的线与右转向灯线牢固接好并绝缘包扎。

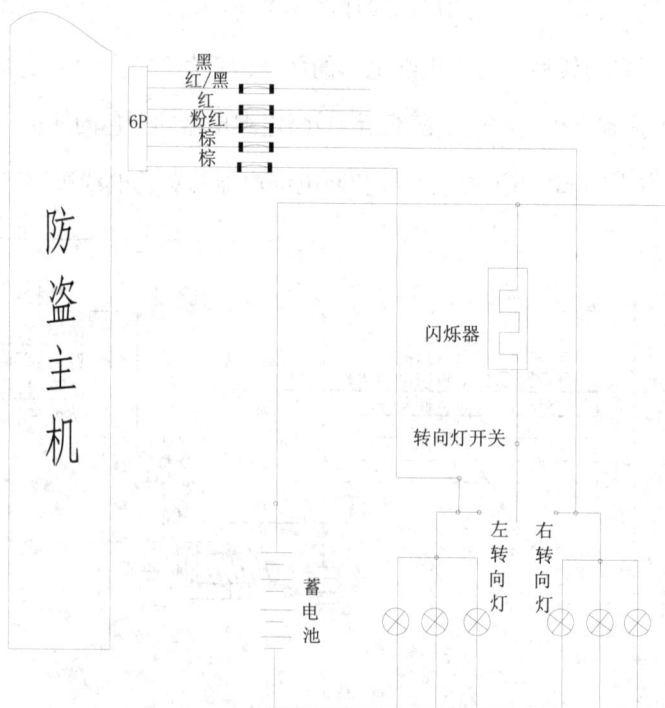

图 5-38　转向灯线路连接电路图

8. 尾门（行李箱）线路连接

使用万用表找到行李箱灯开关的线，如图 5-39 所示，与防盗器主机的 6P 插头红/黑色的线牢固接好并绝缘包扎。

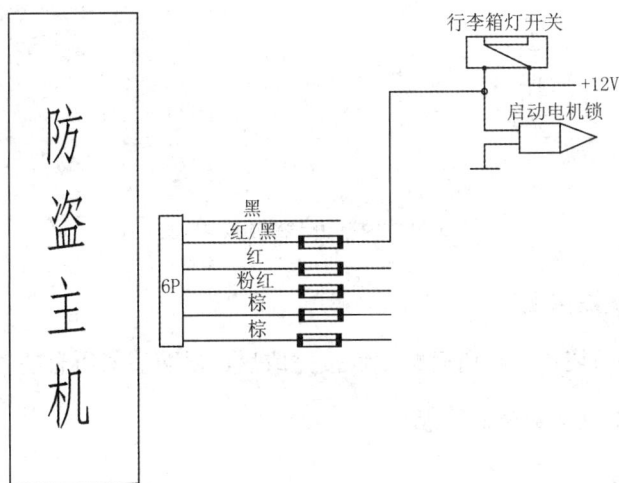

图 5-39　尾门（行李箱）线路连接电路图

9. 语音喇叭线路连接

（1）将语音喇叭粉红色的线与防盗器主机 6P 插头粉红色的线牢固接好并绝缘包扎。

（2）将语音喇叭的黑色电线用螺栓牢固搭铁。

10. 防盗器电源

使用万用表找到点火开关电源线后，将防盗器主机的 6P 插头红色的线与点火开关电源线牢固接好并绝缘包扎。

11. 地线路连接

将防盗器主机的黑色的电线用螺栓牢固搭铁。

12. 中控锁配线路连接

（1）将防盗器主机的 6P 插头橙色和橙/黑的线牢固接好并绝缘包扎后，用螺栓牢固搭铁。

（2）使用万用表找到点火开关电源线，如图 5-40 所示，与防盗器主机的 6P 插头黄色和黄/黑的线牢固接好并绝缘包扎。

（3）将防盗器主机的 6P 插头白色和白/黑的分别和中控锁上的线牢固接好并绝缘包扎。

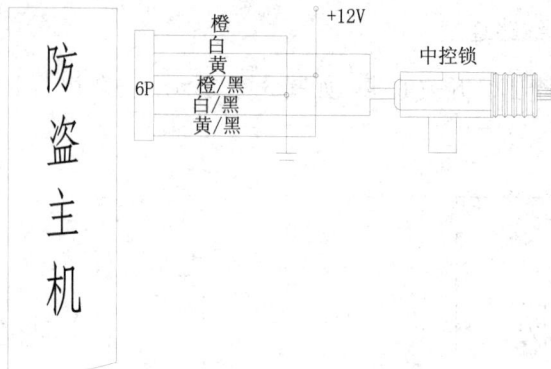

图 5-40　中控锁配线路连接电路图

（三）防盗器测试操作规程

防盗器调试是在防盗器主机所有配线连接完成后，对防盗器所有的功能进行测试。

如铁将军 6885 型汽车防盗器功能。

1. 声光防盗状态

通过防盗器遥控器设定键自动进入声光防盗状态。

2. 静音防盗警戒状态

通过防盗器遥控器静音键自动进入静音防盗警戒状态。

3. 触发报警

（1）在声光警戒中，受到震动触发，方向灯短闪，喇叭同步报警，发动机断电止动。

（2）在静音警戒中，受到震动触发，方向灯短闪，喇叭不报警，发动机断电止动。

开关触发时，无论在任何警戒状态，方向灯闪亮，喇叭同步报警，同时发动机断电止动。

4. 警戒解除和自动回复

通过防盗器遥控器解除键，车门开锁，方向灯闪两下，喇叭发出"BiBi"两声提示，LED 停止闪烁，解除防盗警戒。若解除防盗警戒后，25 秒内车门未打开或未被震动触发，防盗系统视作为误解除，会自动恢复到原防盗警戒状态。

5. 遥控开启行李箱

通过防盗器遥控器尾箱专用按键，遥控开启尾门（行李箱）。遥控开启行李箱后，震动的检测将暂时停止，4 分钟后如果行李箱没有关闭，系统将忽略行李箱检测，并自动恢复震动传感器功能。

6. 寻车

在防盗警戒中，通过防盗器遥控器寻车键，喇叭鸣叫，方向灯同步闪烁，告知车辆所在位置。

三、汽车安全防盗器安装技能考核（共 50 分）

汽车安全防盗器安装考核项目主要有防盗器套件安装、防盗器电路安装和防盗器测试等，见表 5-5。

表 5-5 　　　　　　　　汽车安全防盗器安装技能考核评分表　　　考核教师签字：＿＿＿＿＿＿

序号	项目	配分	技术说明	得分
防盗器套件安装				
1	防盗器主机安装	3	按照产品说明书要求正确安装	
2	防盗器传感器安装	3	按照产品说明书要求正确安装	
3	防盗器 LED 警示灯安装	3	按照产品说明书要求正确安装	
4	防盗器语音喇叭安装	3	按照产品说明书要求正确安装	
5	中控锁安装	3	根据车门锁结构正确安装	
防盗器电路安装				
6	边门触发线路连接	2	线路连接准确，接线牢固并绝缘包扎	
7	点火开关 ON 线路连接	3	线路连接准确，接线牢固并绝缘包扎	
8	制动线路连接	3	线路连接准确，接线牢固并绝缘包扎	
9	发动机断电回落线路连接或油路控制止动线路连接	6	线路连接准确，接线牢固并绝缘包扎	
10	振动传感器、LED 灯线路连接	2	线路连接准确，接线牢固	
11	转向灯线路连接	6	线路连接准确，接线牢固并绝缘包扎	
12	尾门（行李箱）线路连接	2	线路连接准确，接线牢固并绝缘包扎	
13	防盗器语音喇叭线路连接	2	线路连接准确，接线牢固	
14	防盗器电源线路连接	2	线路连接准确，接线牢固并绝缘包扎	
15	防盗器地线连接	2	线路连接准确，接线牢固	
16	中控锁配线路连接	5	线路连接准确，接线牢固并绝缘包扎	
防盗器功能测试				
17	防盗器功能测试	5	所有的功能进行测试不漏项	

指导老师签名：　　　　　　　　　　　　　　　　　总分：

四、单元三学习成绩统计

单元三的教学任务全部完成后，对本单元中的各个理论学习领域、技能训练成绩等进行单元学习成绩统计，见表5-6。

表5-6　　　　　　　　　　项目单元三学习成绩统计表　　　　　考核教师签字：_____

序号	考核内容	配分	评分标准	考核记录	扣分	得分
1	汽车安全防盗器安装理论知识	10	能完成所有题目，错漏一题扣1分，正确完成简述题			
2	汽车安全防盗器安装技能实践	40	参与实践并完成所有项目			
3	汽车安全防盗器安装技能考核	50	能正确完成所有项目			
	合计	100				

单元四　倒车雷达安装

一、汽车倒车雷达安装理论知识题（共10分）

（一）汽车倒车雷达安装理论知识填空题（共5分）

1. 倒车雷达是汽车泊车或者倒车时的_____装置，由超声波传感器（俗称探头）、控制器和_____（或蜂鸣器）等部分组成。

2. 倒车雷达在汽车倒车时，能准确地测出车尾与_____的距离，并在驾驶室安装的显示器上用数字进行_____，同时发出"BiBi"的警告声提醒驾驶员。告知驾驶员车尾障碍物的情况，帮助驾驶员扫除了_____和视线模糊的缺陷，提高驾驶的安全性。

3. 倒车雷达大多采用_____测距原理，在倒车时，将汽车的挡位推到_____，启动倒车雷达，在控制器的控制下，由装置于车尾保险杠上的_____发送超声波，遇到障碍物，产生回波信号，传感器接收到回波信号后经控制器进行数据处理，从而计算出车体与障碍物之间的_____，判断出障碍物的位置，再由显示器_____并发出警示信号。

4. 倒车雷达的安装与调试由倒车雷达套件安装、倒车雷达_____安装和调试三大工序。

5. 倒车雷达检查调试应根据倒车雷达产品的_____来检查和测试。

6. 倒车雷达控制器用来实现_____、系统间的通信和_____功能。

7. 倒车雷达显示器采用_____形式，设有_____显示、语音符号、_____、精确定位等。还可以发出语音报警声。

8. 倒车雷达传感器（探头）装置于_____上，工作时，发出_____信号，遇到被测物体后反射回来，被倒车雷达接收到。只要计算出超声波信号从发射到接收到回波信号的时间，知道在介质中的传播速度，就可以计算出车体与障碍物之间的距离。

9. 倒车雷达作为汽车上一个附加装置，购买倒车雷达后，需要与汽车_____后才能正常使用。

10. 倒车雷达的性能和功能主要由三个因素决定：倒车雷达产品质量、_____及正确使用。倒车雷达的安装方法与倒车雷达质量同样重要，由于安装不当会造成倒车雷达部分功能失灵，使用中易出现故障。安装过程中_____还会引起原车电路损坏现象。

11. 倒车雷达套件安装是根据倒车雷达生产厂家的_____和所装倒车雷达的车辆的实际情况，将倒车雷达主机、倒车雷达传感器（探头）、显示器在_____的安装。

（二）汽车倒车雷达安装理论知识论述题（共 5 分）

简述倒车雷达的作用。

二、汽车倒车雷达安装操作实践题（共 40 分）

（一）倒车雷达套件安装操作规范

倒车雷达套件安装就是把倒车雷达套件正确地安装在汽车内。根据倒车雷达生产厂家的安装指南和所装倒车雷达的车辆的实际情况，将倒车雷达主机、倒车雷达传感器（探头）、显示器安装在车体上。

1. 倒车雷达传感器（探头）安装操作规范

本书介绍倒车雷达传感器（探头）固定式安装在车尾或保险杠上的安装方法。

倒车雷达传感器（探头）固定式安装采用开孔式探头，在车尾或保险杠上开孔，然后将倒车雷达传感器（探头）嵌套在孔内固定。

（1）倒车雷达传感器（探头）安装位置确定。按倒车雷达产品探头安装指南，倒车雷达的四个传感器（探头）在车尾或保险杠上安装位置高度是一样的，安装高度在45～55cm，如图5-41所示。倒车雷达的四个传感器（探头）在车尾或保险杠上横向安装，如图5-41所示。

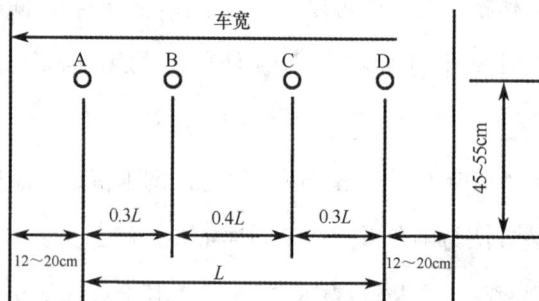

图 5-41　倒车雷达传感器（探头）安装位置尺寸示意图

（2）在车尾或保险杠上确定倒车雷达传感器（探头）安装开孔位置，如图5-42所示。

图 5-42　在车尾划出倒车雷达传感器安装开孔位置

（3）在车尾或保险杠上的倒车雷达传感器安装位置开孔。使用电钻配专用钻头，在已划好的位置钻孔，如图5-43所示。确认钻头与探头直径相符。完成所有的四个倒车雷达传感器安装位置钻孔，如图5-44所示。

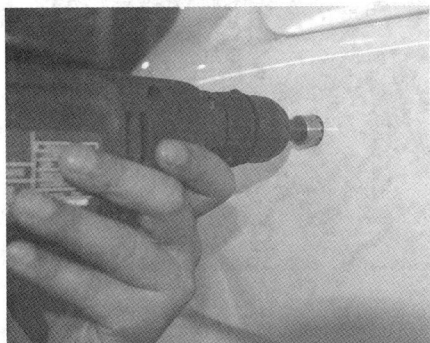

图 5-43　钻孔操作

图 5-44　完成所有的钻孔

（4）倒车雷达传感器安装。用手指均衡用力将探头压入孔内，如图 5-45 所示。使探头压入孔内并紧贴车身，如图 5-46 所示。

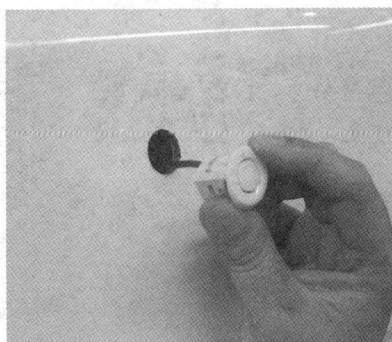

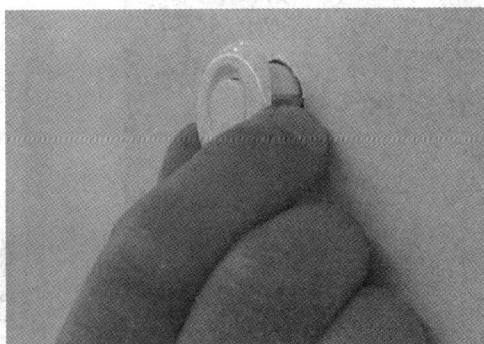

图 5-45　用手指均衡用力将探头压入孔内并紧贴车身操作

图 5-46　探头压入孔内并紧贴车身

2. 倒车雷达主机安装

在行李箱内选择适当位置，如图 5-47 所示，用螺栓安装主机。

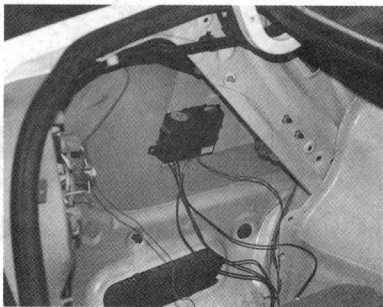

图 5-47　倒车雷达主机的安装

3. 显示器安装

显示器安装底座设有安装粘胶。将安装粘胶保护膜撕掉，如图 5-48 所示，在仪表台粘贴固定显示器，如图 5-49 和图 5-50 所示。或在挡风玻璃上粘贴固定显示器，如图 5-51 所示。

图 5-48　撕掉安装粘胶保护膜

图 5-49　在仪表台粘贴固定显示器

图 5-50　在仪表台粘贴固定显示器

图 5-51　在挡风玻璃上粘贴固定显示器

（二）倒车雷达电路安装操作规范

倒车雷达套件电路安装是把倒车雷达套件电路与汽车线路对接。根据倒车雷达生产厂家的安装说明书要求，如铁将军 6335 型汽车倒车雷达安装电路图，如图 5-52 所示。

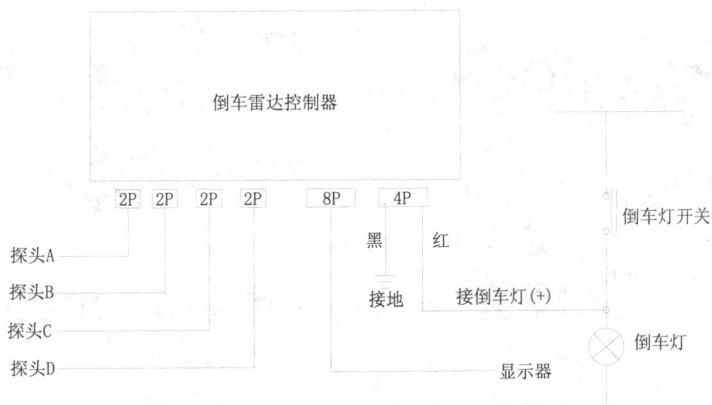

图 5-52　铁将军 6335 型汽车倒车雷达安装电路图

（1）倒车雷达主机与倒车灯线路连接。

① 挂入倒挡接通倒车灯开关。挂入倒挡接通倒车灯开关，如图 5-53 所示。

② 使用万用表找到倒车灯线，如图 5-54 所示，与倒车雷达主机的红色的电线牢固接好并绝缘包扎。

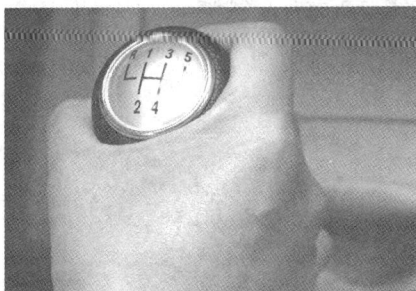

图 5-53　挂入倒挡接通倒车灯开关

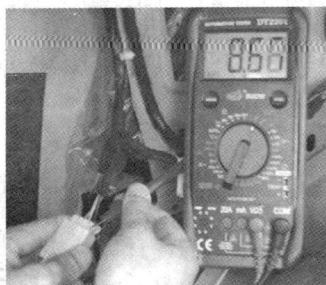

图 5-54　倒车雷达主机的红色的电线连接

（2）倒车雷达主机接地线连接，如图 5-55 所示。

（3）倒车雷达主机与显示器线路连接，如图 5-56 所示。

（4）倒车雷达主机与各传感器（探头）线路连接如图 5-57 所示。

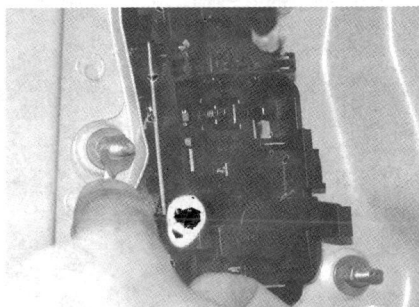

图 5-55　倒车雷达主机接地线连接

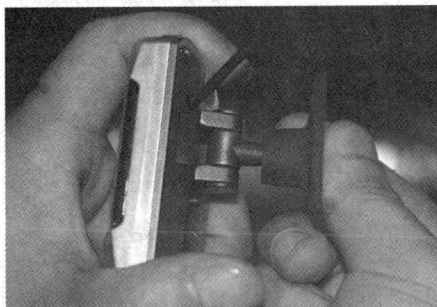

图 5-56　倒车雷达主机与显示器线路连接

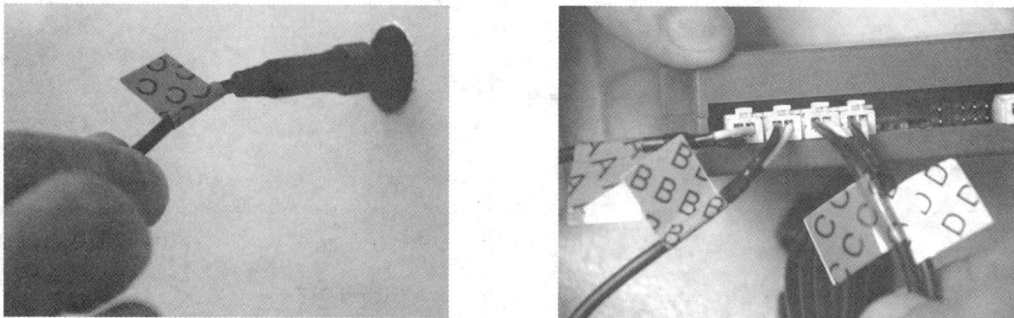

图 5-57　倒车雷达主机与各传感器（探头）线路连接

将 A 传感器（探头）上的连线插入倒车雷达主机的 A 插座内牢固连接。

将 B 传感器（探头）上的连线插入倒车雷达主机的 B 插座内牢固连接。

将 C 传感器（探头）上的连线插入倒车雷达主机的 C 插座内牢固连接。

将 D 传感器（探头）上的连线插入倒车雷达主机的 D 插座内牢固连接。

（三）倒车雷达功能测试操作规程

倒车雷达调试是在倒车雷达主机所有配线连接完成后，对倒车雷达所有的功能进行测试。

一人持垂直竖起的板子站于汽车后方 2.5m 处，模拟障碍物，如图 5-58 所示，驾驶者慢速倒车，测试相应功能。

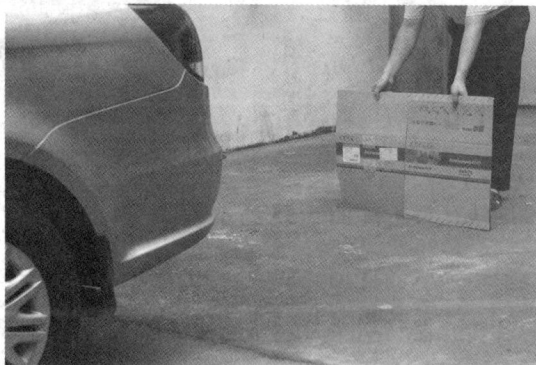

图 5-58　在汽车后方 2.5m 处设置障碍物

（1）显示器动态显示 2.5~0.3m 精确数字。

（2）雷达探测到障碍物并精确定位，达到危险距离停车报警。

（3）真人声报距障碍物的距离。

（4）蜂鸣报警声警示。

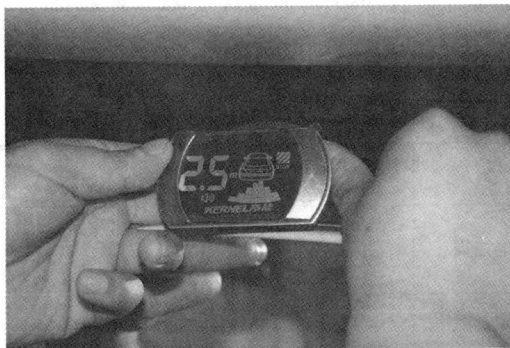

图 5-59　显示 2.5～0.3m 精确数字

三、汽车倒车雷达安装技能考核（共 50 分）

汽车倒车雷达安装考核项目主要有倒车雷达套件安装、倒车雷达电路安装和倒车雷达功能测试等，见表 5-7。

表 5-7　　　　　　　汽车倒车雷达安装技能考核评分表　　　　考核教师签字：_____

序号	项目	配分	技术说明	得分
倒车雷达套件安装				
1	倒车雷达传感器（探头）安装	5	安装正确	
2	倒车雷达主机安装	5	安装正确	
3	显示器安装	5	安装正确	
倒车雷达电路安装				
4	倒车雷达主机与倒车灯线路连接	15	线路连接准确，接线牢固并绝缘包扎	
5	倒车雷达主机接地线连接	5	线路连接准确，接线牢固	
6	倒车雷达主机与显示器线路连接	5	线路连接准确，接线牢固并绝缘包扎	
7	倒车雷达主机与各传感器（探头）线路连接	5	线路连接准确	
倒车雷达功能测试				
8	倒车雷达功能测试	5	对所有的功能进行测试不漏项	

指导老师签名：　　　　　　　　　　　　　　　　总分：

四、单元四学习成绩统计

单元四的教学任务全部完成后，对本单元中的各个理论学习领域、技能训练成绩等进行单元学习成绩统计，见表 5-8。

表 5-8　　　　　　　　　　单元四学习成绩统计表　　　　　　考核教师签字：_____

序号	考核内容	配分	评分标准	考核记录	扣分	得分
1	汽车倒车雷达安装理论知识	10	能完成所有题目，错漏一题扣1分，正确完成简述题			
2	汽车倒车雷达安装技能实践	40	参与实践并完成所有项目			
3	汽车倒车雷达安装技能考核	50	能正确完成所有项目			
	合计	100				

单元五　汽车音响安装

一、汽车音响安装理论知识题（共 10 分）

（一）汽车音响安装理论知识填空题（共 5 分）

1. 随着人们对享受的要求越来越高，汽车制造商也日益重视起轿车的音响设备，并将它作为评价轿车_____的依据之一。

2. 汽车音响主要包括_____、扬声器、_____ 三部分。

3. 主机是汽车音响中最重要的组成部分，目前流行的主机有_____、MP3 加 CD 碟盒和_____主机，使用最多的是车载_____系统。

4. 功率放大器简称功放，其作用是将音频输入的信号进行选择与入处理，进行功率_____，使电信号具有推动音箱的_____。

5. 我国汽车音响市场基本上有三种。一是以_____为中心的国外品牌产品，如阿尔派、先锋、菲利普、索尼、松下、中道等。二是以日系、韩系为特征的_____产品，如天津的大宇、现代，丹东的阿尔派，大连的松下，上海的先锋，上海和惠州的建伍，东莞的歌乐。三是_____品牌产品如 Freeway 等品牌。

6. 汽车 CD 主机的安装和调试，有汽车 CD 主机_____、扬声器的安装、_____和调试四大工序。

7. 汽车音响 CD 主机的选配应重点考虑_____，_____、功能和性能等。

8. 扬声器的选配应考虑与主机功率_____和使用系统的类型。

9. CD 主机的线材分为信号线、电源线和扬声器线。信号线需要考虑_____。电源线要考虑_____。扬声器线要考虑_____、抗老化的材料。

10. 布线工艺要协调美观，一是走线不能影响_____线路；二是布线要避开_____和控制系统。

11. 音响的电源一定要选择汽车线路上的_____或蓄电池，避免大电流造成火灾。

（二）汽车音响安装理论知识论述题（共 5 分）

1. 简述汽车音响的几种类型的区别。

2. 画出汽车音响 CD 主机接线安装电路图。

二、汽车音响安装操作实践题（共 40 分）

（一）汽车 CD 主机和扬声器的安装操作规程

1. 汽车 CD 主机的安装

汽车 CD 主机一般是安装在中控台的音响主机槽内，如图 5-60 所示。利用主机外壳上的各个止动片将其固定。CD 主机在安装前要先调整好减震方向旋钮，否则没有减震功能，甚至会损坏 CD 主机，可调整的减震方向一般有 0°、45°、90°，可根据需要调整。在安装时应注意一定要水平安装，而且要固定牢固，否则减震效果差。

图 5-60　CD 主机的安装

2. 汽车音响扬声器的安装

常见汽车音响扬声器是安装在车前两边门的内侧，如图 5-61 和图 5-62 所示。

图 5-61　音响扬声器的安装

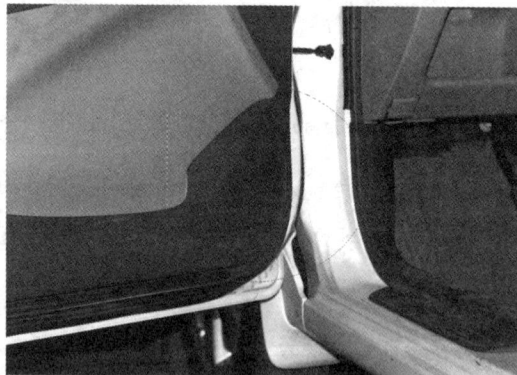

图 5-62　音响扬声器的安装

（二）CD 主机的线路连接操作规程

汽车音响 CD 主机的线路安装是指把汽车音响 CD 主机的线路与汽车上的相关线路对接。根据汽车音响 CD 主机产品的安装说明书上的 CD 主机的线路安装电路图，如图 5-63 所示，完成线路安装连接。

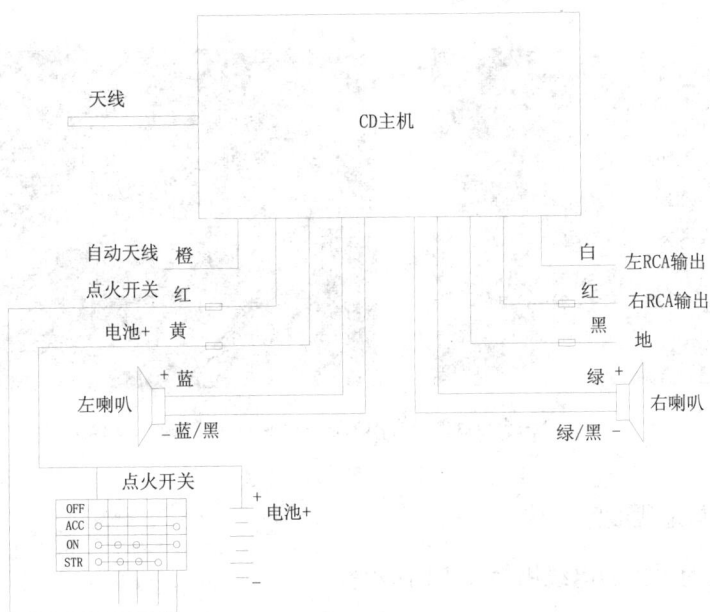

图 5-63　CD 主机的线路连接电路图

1. CD 主机与自动天线的线路连接

使用万用表找到自动天线的电机的电线后，与 CD 主机的橙色的电线牢固接好并绝缘包扎。

2. CD 主机与点火开关 ACC 线路连接

将点火开关拧到 ACC 位置，使用万用表找到点火开关 ACC 线后，与 CD 主机的红色的电线牢固接好并绝缘包扎。

3. CD 主机与蓄电池正极线路连接

将点火开关拧到 OFF 位置，使用万用表找到点火开关电源线，详见图 5-57，与 CD 主机的黄色的电线牢固接好并绝缘包扎。

4. CD 主机与左喇叭线路连接

在中控台的 CD 主机槽内找到线束接插件，使用万用表找到左喇叭线的"+"和"-"，如图 5-64 所示，与 CD 主机的"+蓝色"和"-蓝/黑"的电线牢固接好并绝缘包扎。

5. CD 主机与右喇叭线路连接

在中控台的 CD 主机槽内找到线束接插件，使用万用表找到右喇叭线的"+"和"-"，如图 5-64 所示，与 CD 主机的"+绿色"和"-绿/黑"的电线牢固接好并绝缘包扎。

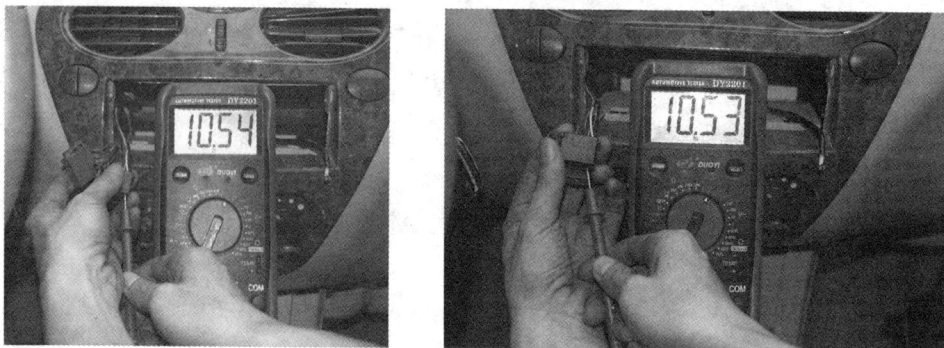

图 5-64　CD 主机与点火开关 ACC、蓄电池+、左右喇叭等线路连接

6. CD 主机与地线线路连接

将 CD 主机的黑色的电线用螺栓牢固搭铁。

7. CD 主机与左右 RCA 线路连接

若安装有 RCA，将 CD 主机的"白"和"红"的电线分别与左、右 RCA 的电线牢固接好并绝缘包扎。

8. CD 主机与天线线路连接

在中控台的 CD 主机槽内找到线束接插件，使用万用表找到车外天线，如图 5-65 所示，与 CD 主机的天线牢固接好并绝缘包扎。

图 5-65　CD 主机与天线线路连接

（三）CD 主机功能测试操作规程

CD 主机功能测试是在 CD 主机所有配线连接完成后，通过主机控制面板，如图 5-66 所示，对 CD 主机所有的功能进行测试。

图 5-66　主机控制面板示意图

1. PWR・VOL（电源和音量）

按"PWR・VOL"打开和关闭 CD 主机，转动"PWR・VOL"调节音量。

2. ▲（弹出键）

按▲键弹出光碟。

3. SCAN（收音机、光碟扫描）

按"SCAN"可以扫描收音机频率和扫描光碟曲目。

4. SEEK/TRACK（搜索、曲目上下）

按"SEEK/TRACK"可以扫搜索收音机在该波段的上一个或下一个电台。可以上下跳跃不同光碟曲目。

5. TUNE・FILE（调谐与文件上下）

转动"TUNE・FILE"调节收音机调谐频率。

6. TEXT

"TEXT"用于转换显示含有文本数据的光碟。

7. FOLDER（文件夹向上、向下）

"FOLDER"用于向上或向下跳至不同的文件夹。

8. 1、2、3、4、5、6（预设键）

1、2、3、4、5、6是用于预设和调谐收音机电台的。

9. AM

按"AM"打开收音机并选择调频波段，显示器上显示"AM"。

10. FM1 FM2（预设键）

按"FM1"或"FM2"打开收音机并选择调频波段，显示器上显示"FM1"或"FM2"。

此系统可以设定 12 个调频电台。

11. DISC

按"DISC"播放光碟。

12. AUDIO CONT

按"AUDIO CONT"手动调节音调。

三、汽车音响安装技能考核（共 50 分）

汽车音响安装考核项目主要有汽车 CD 机主机与扬声器的安装、CD 机的线路连接和 CD 机检查调试等，见表 5-9。

表 5-9　　　　　　　　汽车音响安装技能考核评分表　　　　考核教师签字：_____

序号	项目	配分	技术说明	
CD 主机主机与扬声器的安装				
1	汽车 CD 主机的安装	5	安装正确	
2	音响扬声器的安装	5	安装正确	
CD 主机的线路连接				
3	CD 主机与自动天线的线路连接	5	线路连接准确，接线牢固并绝缘包扎	
4	CD 主机与点火开关 ACC 线路连接	5	线路连接准确，接线牢固并绝缘包扎	
5	CD 主机与蓄电池正极线路连接	5	线路连接准确，接线牢固并绝缘包扎	
6	CD 主机与左右喇叭线路连接	5	线路连接准确，接线牢固并绝缘包扎	
7	CD 主机与地线线路连接	5	线路连接准确，接线牢固并绝缘包扎	
8	CD 主机与左右 RCA 线路连接	5	线路连接准确，接线牢固并绝缘包扎	
9	CD 主机与天线线路连接	5	线路连接准确，接线牢固并绝缘包扎	
CD 主机功能测试				
11	CD 主机功能测试	5	所有的功能进行测试不漏项	

指导老师签名：　　　　　　　　　　　　　　　总分：

四、单元五学习成绩统计

单元五的教学任务全部完成后，对本单元中的各个理论学习领域、技能训练成绩等进行单元学习成绩统计，见表5-10。

表5-10　　　　　　　　　　　单元五学习成绩统计表　　　　　　考核教师签字：_____

序号	考核内容	配分	评分标准	考核记录	扣分	得分
1	汽车音响安装理论知识	10	能完成所有题目，错漏一题扣1分，正确完成简述题			
2	汽车音响安装技能实践	40	参与实践并完成所有项目			
3	汽车音响安装技能考核	50	能正确完成所有项目			
	合计	100				

课程综合成绩统计表

绪论 2%	项目一 车身美容护理 20%			项目二汽车室内清洁与护理 20%							项目三 车身漆面护理 20%			项目四 发动机 清洗护理 8%	项目五汽车装饰保护 30%					总分
2%	单元一 7%	单元二 7%	单元三 6%	单元一 3%	单元二 3%	单元三 2%	单元四 3%	单元五 3%	单元六 3%	单元七 3%	单元一 7%	单元二 7%	单元三 6%	8%	单元一 14%	单元二 4%	单元三 4%	单元四 4%	单元五 4%	